AI 电商

财富密码

智能运营实战手册

胡 燕 姚海虹 杨娅琳 著

图书在版编目（CIP）数据

AI 电商财富密码：智能运营实战手册 / 胡燕, 姚海虹, 杨娅琳著. --南昌：江西科学技术出版社, 2025. 3. -- ISBN 978-7-5390-8584-5

Ⅰ. F713.365.2-39

中国国家版本馆 CIP 数据核字第 2025ZP2797 号

AI电商财富密码：智能运营实战手册
AI DIANSHANG CAIFU MIMA：
ZHINENG YUNYING SHIZHAN SHOUCE

胡　燕　姚海虹　杨娅琳　著

出版 发行	江西科学技术出版社
社址	南昌市蓼洲街2号附1号 邮编：330009　电话：（0791）86623491　86639342（传真）
印刷	定州启航印刷有限公司
经销	全国新华书店
开本	710 mm × 1000 mm　1/16
字数	170千字
印张	12
版次	2025年3月第1版
印次	2025年3月第1次印刷
书号	ISBN 978-7-5390-8584-5
定价	78.00元

国际互联网（Internet）地址：http://www.jxkjcbs.com　　选题序号：ZK2024516　　赣版权登字：-03-2025-33
责任编辑：朱　丽　　　总策划：杨　青　　　出版统筹：柴占伟
策划编辑：杜若婷　李浚宁　装帧设计：张　晴　王靖瑶
版权所有　侵权必究
（赣科版图书凡属印装错误，可向承印厂调换）

前 言

电商产业迅猛发展，新兴技术层出不穷，AI 产业研发进程逐步加快，AI 与电商的结合已经成为热门话题……

曾几何时，人们购物必须赶到实体店亲自挑选，有时可能东西太多或太沉，拿回家都是个问题。随着时代不断发展，电商成为席卷社会的潮流，"网购达人"等一系列热词涌现出来，喜欢网购的居民越来越多，网络零售体量不断扩大。2021 年，中国互联网络信息中心发布了第 48 次《中国互联网络发展状况统计报告》（以下简称《报告》）。《报告》显示，截至 2021 年 6 月，我国网民规模较 2020 年 12 月增长了 2175 万，互联网普及率达 71.6%，其中网购用户达 8.12 亿人。截至 2023 年 12 月，网络零售平台店铺数量为 2500 多万家。

人工智能（英语：Artificial Intelligence，缩写为 AI）自 20 世纪 50 年代首次被提出，已从基础的符号逻辑处理发展到复杂的机器学习和深度学习技术。它不仅改变了科学技术界的面貌，还深刻影响了我们日常生活的方方面面。那么，在新兴技术不断涌现，科技水平更新换代速度飞快的现代社会，AI 和电商又将擦出怎样的奇妙火花呢，这就是本书所关注的重点……

  本书在写作过程中，使用 AI 软件问答截图均为自动生成，为了真实演示 AI 软件呈现的效果，本书针对 AI 软件生成的答案，尽量不做任何处理，所以可能其中会出现部分语法和文字瑕疵等，敬请谅解。

目 录

第 1 章　探寻 AI 电商的秘密

1.1 什么是电商　　2
1.2 我国电商的发展　　6
1.3 颠覆：AI 时代到来　　10
1.4 揭开 AI 电商的神秘面纱　　16

第 2 章　主流 AI 软件及发问方法

2.1 主流 AI 软件大盘点　　18
2.2 AI 提问方法和原则　　40
2.3 提示词及其应用　　62

第 3 章　AI 营销方案策划与开展

3.1 AI 营销目标设定　　76
3.2 AI 营销策略规划　　80
3.3 AI 营销活动策划　　85
3.4 AI 营销完善优化　　88

第4章 AI 网店 LOGO 制作

4.1 网店 LOGO 的设计要点　　　　　　　　　92
4.2 打造具有辨识度的网店 LOGO　　　　　95
4.3 网店 LOGO 设计案例集锦　　　　　　　99

第5章 如何生成吸睛的电商宣传文案

5.1 电商文案的重要性及特点　　　　　　　112
5.2 AI 生成电商宣传文案基本流程　　　　114
5.3 AI 生成电商文案的技巧　　　　　　　123

第6章 AI 电商海报的创意设计

6.1 了解电商海报设计　　　　　　　　　　128
6.2 电商海报 AI 设计步骤指南　　　　　　131
6.3 电商海报 AI 设计进阶技巧　　　　　　144
6.4 电商海报 AI 设计集锦　　　　　　　　151

第7章 AI 电商视频广告制作

7.1 电商视频广告制作的要点　　　　　　　158
7.2 AI 电商视频广告制作指南　　　　　　　161
7.3 AI 电商视频广告制作案例集锦　　　　171

写在最后　　　　　　　　　　　　　　　185

第1章

探寻 AI 电商的秘密

1.1 什么是电商

电商，英文为"Electronic Commerce"，简称"EC"。

电商，作为现代信息技术与传统商务活动深度融合的产物，构建了一个跨越地理界限、高度互联互通的全球商业生态系统。在这一体系中，通过因特网这一开放的网络环境，基于客户端/服务端的应用架构，买卖双方得以在不直接见面的情况下，进行商贸活动。这一过程不仅涵盖了消费者的网上购物行为，还涉及商户间的在线交易、电子支付手段的应用，以及一系列与商务、交易、金融紧密相关的综合服务活动。

电商的核心在于其技术驱动性与商务本质性的紧密结合。其中，"电子"作为技术手段，是实现商务活动数字化、网络化、智能化的关键；而"商务"则是根本目的，旨在通过技术创新优化资源配置，提升交易效率，拓宽市场边界。电商的多元化模式，如 B2B、B2C、C2C 等，各自展现了不同的市场定位与运作机制，共同构成了电商生态系统的多样性与复杂性。

电商的发展受到技术进步、市场需求、政策法规等多重因素的共同影响。随着大数据、人工智能、区块链等新兴技术的不断涌现与应用，电商正逐步向智能化、个性化、安全化方向演进。同时，全球经济一体化的趋势也为电商提供了更为广阔的发展空间，促进了跨国界、跨文化的商业交流与合作。

关于电商的定义，不同国家存在一些差异。简单来说，电商指的是以网络通信技术进行的商务活动。从狭义上说，电商是主要利用 Internet 从事商务或活动。从广义上说，电商是使用各种电子工具从事商务活动。联合国国际贸易程序简化工作组对电商的定义是：采用电子形式开展商务活动，它包括在供应商、客户、政府及其他参与方之间通过任何电子工具。如 EDI、Web 技术、电子邮件等共享非结构化商务信息，并管理和完成在商务活动、管理活动和消费活动中的各种交易。

电商涵盖的范围非常广,这就导致它具有许多种不同的交易模式可以选择(表1-1),主要有企业对企业(Business to Business,B2B)、企业对消费者(Business to Consumer,B2C)、个人对消费者(Customer to Customer,C2C)、企业对政府(Business to Government,B2G)、线上对线下(Online to Offline,O2O)、商业机构对家庭(Business to Family,B2F)、供给方对需求方(Provide to Demand,P2D)、门店在线(Online to Partner,O2P)。

表1-1 电商模式概览

电子商务模式	缩写	定义	典型实例/特点
商家对商家	B2B	企业与企业之间通过互联网进行产品、服务及信息的交换	发布供求信息,订货及确认,支付过程,票据签发、传送和接收,确定配送方案并监控
商家对消费者	B2C	企业直接面向消费者销售产品和服务的电子商务模式	天猫商城、京东商城、亚马逊
消费者对消费者	C2C	用户对用户的在线交易平台,卖方提供商品上网拍卖,买方竞价购买	淘宝、eBay
商家对经理人	B2M	企业通过网络平台招募职业经理人进行产品或服务的销售与推广	企业招募销售或服务人员,非直接面向最终消费者

续表

商家对政府	B2G（B2A）	企业与政府管理部门之间的电子商务，如政府采购、税务申报等	政府采购平台、税务申报系统
制造商对消费者	M2C	制造商直接面向消费者销售，减少中间环节	制造商自建电商平台，直接面向消费者
线上到线下	O2O	将线下商务机会与互联网结合，线上引流，线下服务	美乐乐家居网与体验馆结合
消费者对商家	C2B	消费者发起需求，企业响应并提供定制化产品或服务	团购、定制服务
	P2D	强调供应方和需求方的多重身份，满足双方需求	广泛覆盖的电子商务平台，满足多样化需求

续表

商家对商家到消费者	B2B2C	交易平台连接供应商与消费者，提供附加服务	京东自营与第三方商家结合的模式
消费者对商家共享	C2B2S	C2B 模式的延伸，通过平台聚集消费者形成强大采购团体	晴天乐客平台
商家对团队	B2T	团队向商家采购，形成团购效应	团购网站，如美团、拼多多等

电商的基本特征有普遍性、便捷性、整体性、安全性、协调性。普遍性，指电商作为一种数字时代的交易模式，把企业、消费者和政府共同带进一个虚拟的互联网环境中，这一领域包罗万象，我们能够在电商平台买到各种商品。便捷性，指电商环境消弭地域的界限，取消了许多烦琐的流程，消费者可以直接下单完成交易。整体性，指电商能比较妥善地处理交易流程，把人工操作和电子信息的处理连接成整体。安全性，指电商受到多重保护，包括加密机制、防病毒保护、防火墙等。协调性，指电商本质是一种消费模式，在网络上的交易也涉及许多环节，所以其本身也是一种协调过程，要多个部门共同协调完成。

1.2 我国电商的发展

我国的电商发展要追溯至20世纪和21世纪之交,大致经历了四个阶段,即萌芽期(1995—1999年)、发展期(1999—2007年)、转型期(2008—2015年)、繁荣期(2015年至今)。

萌芽期

在1995年,电子商务的概念首次被引入我国,便迅速引起社会各界的关注。在政府和信息化主管部门的推动下,1996年和1997年电子商务逐渐为社会各界所熟知。电子商务的发展需要各方面的协调努力,首先,是政府的政策支持和企业的积极参与。其次,信息基础设施的完善、安全保障措施的建设以及相关法律法规和技术标准的确立都至关重要。最后,是人们还需克服文化上的障碍,提升消费者对网上购物的接受度和信任感。

1999年,我国电子商务正式迈入应用发展阶段。国家的信息化主管部门也开始研究并制定电子商务的相关政策,为行业发展提供制度保障。1999年初,政府启动了上网工程,为推动政府与企业间的电子商务奠定了坚实基础。1999年7月7日,国家经济贸易委员会和信息产业部指导发起的"企业上网工程"正式启动,标志着我国企业逐步进入互联网经济时代。首批18家大型企业和300家中小企业成为"21世纪网上企业园区"的先锋,推动了企业数字化的快速发展。这一时期,一系列"金字工程"的实施,如金卡、金关、金税、金企等,极大地推动了电子商务的基础设施建设,为未来的电商生态提供了技术和服务保障。我国还在多个不同行业、地区和所有制性质的企业中,开展了电子商务示范工程,为广泛应用积累了宝贵经验,并为政策法规的制定提供了参考。这一时期,我国电子商务领域出现了一批具有里程碑意义的企业,如中国化工网、阿里巴巴、易趣网和 8848 等，这些企业的崛起为中国电子商务的发展奠定了坚实的基础，也引领了未来的商业模式创新。

发展期

1999 年是我国电子商务发展的一个转折点，多个本土电子商务公司应运而生，网络服务商纷纷进军这一领域，电子商务平台如雨后春笋般涌现。

阿里巴巴于 1999 年 6 月在杭州成立，同年 8 月，我国第一家 C2C 平台——易趣网也宣告成立。这一时期，海尔等国内龙头企业逐步开始在企业内部和企业之间推进电子商务应用，我国的 B2B 模式也初露端倪。自此，电子商务不再仅限于北京、上海等大城市，开始走向全国各地。电子商务的服务业也有所突破，物流、支付、售后等环节日趋成熟，使得电子商务从理念层面的宣传推广，逐步迈向更实际的应用与发展。

伴随迅速发展的电子商务行业也暴露出诸多问题，许多企业过分重视技术，忽略了商业本质，普遍存在过度炒作和追求资本运作的现象，忽视了经济效益。行业内对电子商务的模式创新缺乏足够的动力，更多地依赖对国外模式的简单复制。网络安全、基础设施、社会信用、相关法律法规、标准化建设、网络支付以及企业管理层对电子商务的理解程度等问题，极大地制约了行业的进一步发展。

尽管如此，部分本土企业通过并购和合作逐渐站稳脚跟，阿里巴巴、腾讯等巨头在这一阶段迅速崛起。2003 年，阿里巴巴集团斥资 1 亿元成立淘宝网，正式进军 C2C 市场。同年 6 月，eBay 收购易趣网，成为国内最大的 C2C 平台，但外资的进入也引发了激烈的市场竞争。接下来的几年里，慧聪网上市、亚马逊收购卓越网、支付宝推出"全额赔付"制度、腾讯推出拍拍网等重大事件频发，本土电子商务企业纷纷以创新的商业模式和服务举措抢占市场。1999 年到 2007 年，我国电子商务历经了快速发展与市场调整并存的阶段，诸如淘宝、京东、拍拍网等本土平台迅速崛起，不仅奠定了国内电子商务市场的格局，也对行业未来的发展产生了深远影响。

转型期

2008年全球经济危机爆发后，全球经济增长放缓，但我国的电子商务却逆势而上，展现了令人瞩目的韧性与活力。虽然不少严重依赖外贸的中小型电子商务企业受到冲击，甚至倒闭，其中包括曾经颇具名气的万国商业网、沱沱网、宁波慧聪网等外贸B2B平台，但在危机中，更多的电子商务企业迎来了逆境中的蜕变与壮大。

京东商城就是这场经济危机中的一个典型例子。2009年初，今日资本、雄牛资本等向京东商城联合注资2100万美元，直接点燃了国内家电B2C领域的投资热潮。与此同时，B2B平台生意宝也在危机中加速崛起。短短两年时间，其"同时在线人数"和"日商机发布量"两项关键指标双双突破百万，赶超了国内同行数十年的积累，成为B2B电子商务的翘楚，创造了电子商务史上的一项新纪录。

2009年5月，当当网也传来了好消息，宣布成为国内首家全面实现盈利的网上购物企业，平均毛利率高达20%，引领了国内电子商务的盈利浪潮。尽管全球经济形势不容乐观，我国的大部分电子商务企业依然在快速发展。这一阶段，电子商务的典型特征体现在两大方面：一是，商业模式不断创新，应用领域愈加广泛。无论是B2B、B2C，还是团购信息类企业，都在迅速扩展，如大众点评等团购平台纷纷涌现。二是，产业链日趋完整，电子商务生态系统的建设迈入深水区，支付、物流等服务环节成为电子商务繁荣发展的关键推动力。这一时期，我国的电子商务不仅成功应对了外部经济压力，还通过创新与升级为未来的发展铺平了道路。

繁荣期

自 2015 年起，我国电子商务进入了一个全新的阶段，朝着农村市场和国际市场进军，同时移动电子商务迅速崛起，成为零售业中的主流模式。在这一时期，内容电商和社交电商成为推动行业发展的主力军，展现了全新的商业生态。

农村市场成为电商巨头的焦点，农村电商、涉农电商迅速崛起，成为我国电子商务的重要增长点。京东、苏宁等巨头纷纷推出"渠道下沉"战略，旨在扩大农村市场的覆盖面，而阿里巴巴的"千县万村"计划更是深入推进电子商务在农村的普及。通过电子商务平台，农民得以直接销售农产品，显著提升了收入。据阿里研究院的数据显示，从 2009 年全国仅有 3 个淘宝村，到 2020 年这一数字已经飞速增长至 5425 个，淘宝镇也达到了 1756 个。这些淘宝村、淘宝镇借助电商平台，不仅为农民开辟了全新的销售渠道，也为农村经济注入了活力。

跨境电子商务成为新一轮竞争的焦点。2014 年天猫国际上线后，迅速吸引了 200 余家海外商户入驻，2015 年京东全球购也正式推出，通过"自营＋平台"模式，将全球品牌商品引入中国市场。京东凭借保税区内的专业服务，为消费者提供更加便利的海外购物体验。为了进一步推动跨境电商发展，国务院自 2015 年起陆续批准设立了四批跨境电子商务综合试验区，截至目前，全国已设立了 59 个试验区，跨境电商已成为中国电商版图中的重要组成部分。

在这一过程中，内容电商和社交电商也迅速崛起，改变了传统的电商模式。微信、拼多多、小红书等社交平台带来了全新的购物体验，将社交与电商无缝结合；而头条、抖音、快手等视频平台的迅猛发展则掀起了"直播带货"的热潮，进一步推动了内容电商的普及。这些平台通过创新的内容和社交互动，使消费者在娱乐的同时完成购物，实现了"边看边买"的全新消费模式。智能设备的普及也为移动电子商务的发展提供了强大动力。移动支付技术的成熟，加上随时随地的购物体验，使得移动电商逐渐成为零售业的主流。

1.3 颠覆：AI 时代到来

人工智能（Artificial Intelligence，AI），又称机器智能，指由人制造出来的机器所表现出来的智能。人工智能已成为现代社会不可忽视的核心力量。它不仅能够模仿人类的思维与行为，还展示出机器在智能方面的独特潜力。AI 通过计算机程序来模拟人类的认知过程，包括学习、推理和决策。随着科技的不断进步，许多传统行业正在被 AI 逐步替代，这引发了人们对未来职业和社会结构的深入思考。关于人工智能的定义，早期的研究普遍将其描述为一种能够感知环境并采取行动以实现特定目标的系统。后来，学者安德烈亚斯·卡普兰与迈克尔·海恩莱因进一步提出，AI 是通过对外部数据的准确解释，进行学习和灵活适应，从而实现任务的智能系统。AI 的核心便是这种模仿人类认知功能的能力，如学习和解决问题。

现代人工智能已被视为计算机科学的一个重要分支，其目的是在机器中实现这些复杂的认知功能。一个具备智能的系统不仅能够感知周围环境，还能基于此做出优化行动，并从以往的经验中不断进化。在这个过程中，AI 展现了强大的自适应能力，能够快速响应并调整应对策略。

AI 的核心技术包括四大组成部分：专家系统、启发式算法、自然语言处理和计算机视觉。专家系统模仿人类专家的决策过程，能够在复杂环境中作出合理推断。启发式算法则更注重在不确定性中寻找接近最优的解决方案。自然语言处理让机器能够理解和生成人类语言，实现人与机器间的自然交互。计算机视觉则赋予机器对图像和视频的理解能力，使其具备"看见"世界的能力。尽管人工智能的每个领域都各自独立，但它们之间相互交织，推动着技术的前沿发展。AI 研究的核心挑战在于如何打造一个具备通用智能的系统，这样的系统不仅能完成特定任务，还能够在不同环境下灵活应对各种挑战。

AI 的研究不仅涉及计算智能、统计方法，还广泛运用了数学优化和逻辑推演等工具。此外，基于仿生学、认知心理学、概率论的算法也逐渐被引入 AI 系统的构建中，进一步拓展了其应用范围。在应用层面，AI 已经展现出巨大的潜力和实用价值。例如，在医疗领域，AI 可以辅助医生更精确地诊断疾病；在金融领域，AI 能够分析海量数据，提供市场趋势预测；在自动驾驶领域，AI 通过实时感知环境，确保车辆安全行驶；在工业制造领域，AI 能够优化生产流程，提升效率。这一切表明，人工智能不仅在推动科技进步，还在改变我们日常生活的方方面面。随着研究的深入，AI 正在迅速成为未来社会发展不可或缺的一部分，它不仅影响着当下，更在塑造未来的面貌。

近年来，人工智能取得了显著进步，深刻改变了社会各行各业，并逐渐渗透到日常生活的各个角落。从智能客服到自动送餐机器人，从智慧酒店到智能餐厅，AI 技术的应用让我们切实感受到生活方式的巨大变革。然而，人工智能的发展并非一蹴而就，而是经历了漫长而曲折的演化过程。

回顾人工智能的历史，可以追溯到 20 世纪中期。科学家沃伦·麦卡洛克和沃尔特·皮茨在 1943 年首次尝试模拟人脑的智能功能，他们的研究为 AI 打下了基础。同一时期，加拿大心理学家唐纳德·赫布在心理学领域的研究突破，也为 AI 的发展提供了理论支持。

1950 年，阿兰·图灵通过《计算机器与智能》一文提出了著名的"图灵测试"，这是 AI 研究的里程碑，标志着对智能机器的探索迈出了重要一步。随后，1955 年，约翰·麦卡锡提出"人工智能"这一概念，并在次年的达特茅斯会议上使其成为一个正式的研究领域，这标志着 AI 从概念走向了学术研究的起点。

随着 1959 年亚瑟·塞缪尔提出"机器学习"的概念，AI 研究进入了一个全新的阶段。塞缪尔的思想颠覆了传统的机器编程模式，倡导机器能够自我学习与成长，这为人工智能的蓬勃发展奠定了技术基础。然而，尽管这一时期取得了一定的进展，到了 20 世纪 70 年代，AI 研究因技术瓶颈和资金短缺而进入了所谓的"寒冬期",许多研究机构陷入困境。然而,人工智能并未就此止步。到了 20 世纪 80 年代,AI 在"专家系统"这一新形式的推动下,重新焕发活力。专家系统通过将人类专家的知识编码于计算机中,解决了许多复杂问题。这一阶段,AI 的表现尤其在象棋领域取得了突破性进展。1989 年,象棋程序"深蓝"击败了多位国际象棋大师,而 IBM 的"深蓝"更是成为首个战胜国际象棋世界冠军的 AI 系统。这些成就证明了 AI 在特定领域内的强大潜力,为未来的研究铺平了道路。

进入 21 世纪,人工智能的发展得到了新兴技术的强力推动。大数据、云计算、物联网等技术的崛起使得 AI 的处理能力得以快速提升,深度学习成为其核心能力之一。AI 不再仅限于特定领域,而是迅速扩展到医疗、金融、教育、制造等各个行业,成为推动社会进步的重要力量。

今天,人工智能正处于快速发展时期,其应用场景日益丰富,影响力逐步扩大。从研究到实践,AI 的发展历程充满了曲折与突破,而每一个历史节点都为当下的智能时代奠定了坚实基础。

人工智能具有许多独特的优势,或者我们可以称之为它的拿手本领,最明显的几个方面在于其交互性、创造性、学习能力、智能决策。

交互性。人工智能系统具有非常强的交互能力,能够通过自然语言处理等技术,于人类进行全面畅通交流活动,基于此,人工智能可以很好地理解人类所下达的各项指令,并且合理反馈,真正做到"事事有回音"。人工智能的交互性是其最为显著的特征之一,它不仅仅停留在被动执行预设指令的层面,而是能够通过不断学习和适应,主动与人类和环境进行互动,从而创造出一种更为自然、智能和人性化的体验。人工智能系统能够通过机器学习算法从大量数据中提取信息、识别模式,并不断优化自身的性能。这种学习并非一蹴而就,而是一个持续的过程。通过与人类用户的频繁互动,AI 系统能够理解用户的偏好、行为模式以及特定场景下的需求,并逐步调整其响应策略。人工智能的交互性还体现在自然语言处理技术上。这项技术赋予了机器与人类进行语言交流的能力，使得 AI 能够理解、分析和生成自然语言。这意味着人们可以通过语音、文字甚至手势与 AI 进行互动，而不再局限于传统的鼠标、键盘等输入方式。这种自然的交流方式提升了用户体验，还使得人工智能在日常生活中的应用更加广泛和深入。例如，智能移动终端上面的智能助手已经能够与用户进行类似于人类之间的对话，从而执行各种任务，如设置提醒、查询信息、控制智能家居设备等。

创造性。人工智能的创造性是当前 AI 研究中的一个前沿领域，它揭示了机器如何通过算法和模型生成新颖且有价值的输出。这些输出可以涵盖多个领域，包括艺术、音乐、文本创作，甚至是科学理论的发展。尽管 AI 系统没有人类的情感、经历或意识，但它们通过对大量数据的分析和复杂算法的训练，能够产生出让人惊叹的结果。人工智能的创造性已经在多个领域中展现出巨大的潜力，正逐步改变着我们的世界。基于生成模型的创造性展示了人工智能在生成图像和其他数据类型方面的强大能力。生成对抗网络（Generative Adversarial Networks,GAN）和变分自动编码器（Variational Auto Encoders,VAE）是这一领域中的代表性技术。生成对抗网络通过两个相互竞争的网络——生成器和判别器之间的博弈，使得生成器能够创造出高度逼真的图像或其他类型的数据。生成器试图产生接近真实的样本，而判别器则努力区分这些样本是否是由生成器生成的。通过这种竞争性训练，生成器逐渐提高了生成图像的质量，最终生成的图像可能达到以假乱真的程度。VAE 则通过学习数据的潜在分布来生成新颖的样本，它不仅能够重构输入数据，还能够生成与训练数据风格一致但全新的数据。这些生成模型在艺术、设计等创意领域的应用非常广泛，艺术家们利用 GAN 创造出了全新的艺术作品，设计师们也通过这些模型设计出了独特的产品。自然语言处理（Natural Language Processing,NLP）和文本生成技术的进步，使得 AI 在语言领域的创造性得到了前所未有的发展。各类大型语言模型，通过学习海量的文本数据，掌握了语言的结构、语法以及丰富的语义表达能力。这些模型能够生成连贯、流畅且富有创意的文本内容，为创作者提供了灵感和工具，帮助他们在文学创作、广告文案、剧本编写等方面更高效地发挥创造力。

学习能力。人工智能具有很强的学习能力，主要体现在通过学习大量数据来提高预测或决策的准确性。这种学习能力的实现依赖于几种关键技术，尤其是机器学习和深度学习。机器学习是一种使机器能够从数据中学习和不断改进的技术。它通过使用统计模型和算法来训练机器，使其能够理解并预测新的、未知的数据。在这个过程中，机器学习模型通过大量的训练数据逐步调整其参数，逐渐提升其对新数据的预测能力。例如，一个用于识别垃圾邮件的机器学习模型可以通过学习大量已标记为垃圾邮件和非垃圾邮件的电子邮件样本，逐步提高对新邮件的分类准确性。深度学习灵感来源于人类大脑的神经网络结构。深度学习的显著优势在于其能够处理大规模和复杂的数据，并从中提取高级特征。这一技术特别适合用于解决复杂的任务，例如图像识别、语音识别和自然语言处理等领域。深度学习模型通常由多层神经网络组成，通过反复训练，网络中的每一层逐步提取出数据的不同特征，从而实现复杂数据的理解和处理。举个例子，人工智能可以通过学习大量的图像数据来进行图像识别。在这个过程中，深度学习模型逐层提取图像中的不同特征，例如边缘、形状和颜色等。随着训练的深入，模型最终能够识别出图像中的物体、人脸、文字等，并进行相应的分类和判断。这种能力不仅在图像处理领域具有广泛的应用，也在安全监控、自动驾驶等多个领域展现出巨大的潜力。人工智能的学习能力通过机器学习和深度学习技术得以实现，使其在处理复杂任务时表现出卓越的性能。这种能力推动了各行各业的技术进步，也为未来的智能化发展提供了强大的技术支持。

智能决策。人工智能具有智能决策的作用，当我们为了"拿捏"某个决定而犹豫不决，不知道该如何是好的时候，利用人工智能，向它提问，或许我们就能获得更加合理化的答案。人工智能为我们提供的答案并不是凭空捏造，更不是空穴来风，事实上，人工智能的决策往往基于更大体量的数据分析和高阶算法，是对于海量综合数据的把握。人工智能可以利用海量数据，结合实时分析，做出综合性的智慧决策，决策具有准确性、全面性、快速性等特优势。相比于智能决策，人类的能力却是受到很大限制，人类思维虽然更加灵活，充满更多的不确定性，但是由于没有人工智能复杂精密的计算，出错的概率更高，很可能因为一些疏忽，而导致决策出现"硬伤"。人工智能通过大规模数据采集，把那么烦琐复杂的资料、数据整理起来，之后对它们进行全面规律性的分析，根据分析结果做好预测和判断，从而了解数据背后的真相和规律。最后，人工智能可以根据这些内容为决策者提供多种决策，以供决策者来选择。就目前的市场情况来看，各种新兴技术日新月异，全新的生产方式层出不穷，人工智能可以紧跟时代步伐，快速应对市场变化，比起人力来说，人工智能明显降低了人力成本，可以说决策智能化已经势在必行，这也是人工智能最大的优势之一。

1.4 揭开 AI 电商的神秘面纱

AI 电商是将人工智能技术应用于电子商务领域的一种创新模式，旨在通过先进的技术手段提升用户的购物体验，并帮助商家更高效地运营。这种模式主要依靠大数据分析、机器学习、自然语言处理等核心技术，实现从商品推荐到客户服务等多个环节的智能化。

在用户端，AI 电商能够提供高度个性化的购物体验。通过对用户的历史行为、兴趣偏好等数据进行深度分析，平台可以准确预测用户的潜在需求，进而推送符合其口味的商品或服务。借助于虚拟现实（VR）和增强现实（AR）技术，消费者可以在家中就能享受到试衣、试妆等沉浸式购物体验，极大地提高了购物的乐趣性和便捷性。

在商家，AI 技术的应用显著提升了电商平台的运营效率。例如，智能客服系统能够全天候响应顾客咨询，及时解决各种问题；自动化营销工具则可以根据用户的互动情况动态调整推广策略，实现精准投放；而通过先进的数据分析，商家还能获得关于市场趋势、竞争对手状况等方面的洞察，为其决策提供支持。

通过预测分析，企业可以更准确地掌握市场需求变化，合理规划生产与库存，避免过度囤货造成的资金占用和资源浪费。同时，物流配送环节也因引入了路径优化算法而变得更加高效可靠。

第 2 章

主流 AI 软件及发问方法

2.1 主流 AI 软件大盘点

随着社会科技水平快速发展,目前市场上出现的 AI 软件越来越多,它们在一定程度上转变了人们曾经的工作方式,接下来我们将对市面上的主流 AI 软件进行大盘点。

2.1.1 ChatGPT

ChatGPT,自 2022 年 11 月底由 OpenAI 推出以来,迅速成为互联网上热议的焦点。作为一种基于深度学习的自然语言处理模型,ChatGPT 以其强大的语言理解和生成能力,为用户提供了一个前所未有的交互体验。它不仅仅能够根据庞大的语料库进行训练,模拟人类的语言交流模式,更重要的是,ChatGPT 具备了在对话过程中实时调整的能力,能够根据上下文的变化灵活应对,展现出极高的适应性和可塑性。这意味着,随着时间的推移和对话次数的增加,ChatGPT 能够逐渐学习并模仿用户的对话风格和偏好,提供更加个性化的交流体验。

除了作为聊天伙伴外,ChatGPT 还有许多其他丰富的功能如图 2-1～图 2-4 所示。它可以撰写文章、邮件、剧本以及广告文案,甚至能够完成翻译和编程任务。这种广泛的应用范围,使得 ChatGPT 成为许多专业人士不可或缺的助手。

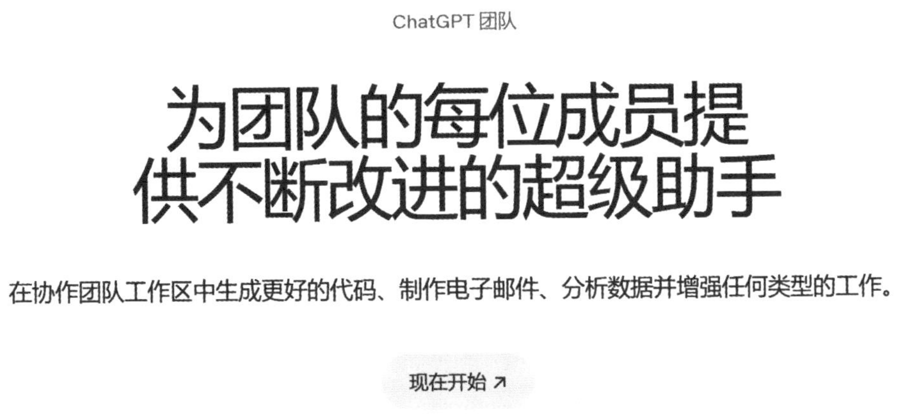

ChatGPT 团队

为团队的每位成员提供不断改进的超级助手

在协作团队工作区中生成更好的代码、制作电子邮件、分析数据并增强任何类型的工作。

现在开始 ↗

图 2-1 ChatGPT 与您一起写作、集思广益、编辑和探索想法

ChatGPT 企业版

重新定义 AI 时代的工作

企业级安全和隐私以及迄今为止最强大的 ChatGPT 版本。

联系我们

图 2-2 汇总会议，发现新的见解，提高生产力

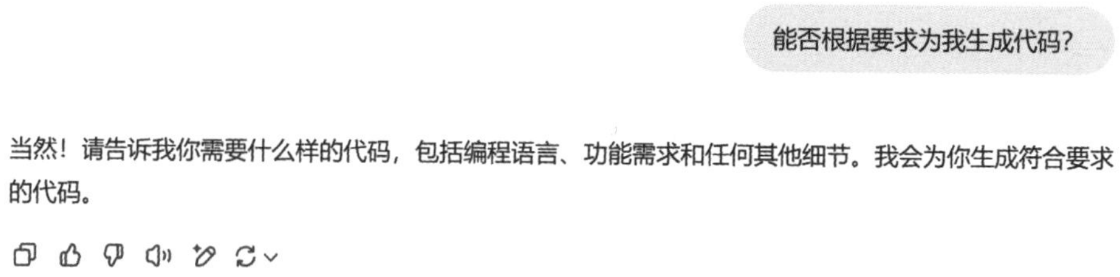

> 能否根据要求为我生成代码？

当然！请告诉我你需要什么样的代码，包括编程语言、功能需求和任何其他细节。我会为你生成符合要求的代码。

图 2-3 生成和调试代码，自动执行重复性任务，了解新的 API

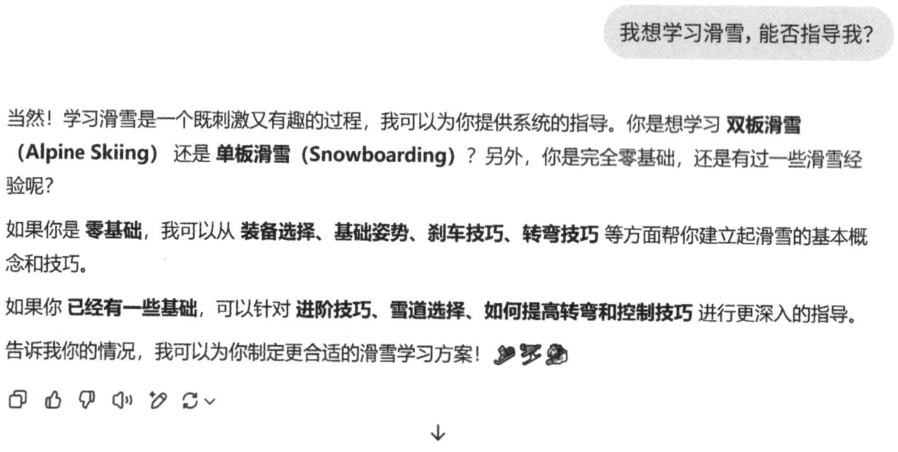

> 我想学习滑雪，能否指导我？

当然！学习滑雪是一个既刺激又有趣的过程，我可以为你提供系统的指导。你是想学习 **双板滑雪（Alpine Skiing）** 还是 **单板滑雪（Snowboarding）**？另外，你是完全零基础，还是有过一些滑雪经验呢？

如果你是 **零基础**，我可以从 **装备选择、基础姿势、刹车技巧、转弯技巧** 等方面帮你建立起滑雪的基本概念和技巧。

如果你 **已经有一些基础**，可以针对 **进阶技巧、雪道选择、如何提高转弯和控制技巧** 进行更深入的指导。

告诉我你的情况，我可以为你制定更合适的滑雪学习方案！

图 2-4 学习新事物，潜心培养爱好，回答复杂的问题

2024 年，OpenAI 持续推动着 ChatGPT 的技术革新与平台扩展。除了原有的网页端应用外，ChatGPT 现在已经登陆安卓系统，发布了桌面客户端，并新增了语音对话功能如图 2-5 所示。这些举措不仅让 ChatGPT 更加贴近普通用户的日常生活，也极大地丰富了人机交互的方式。

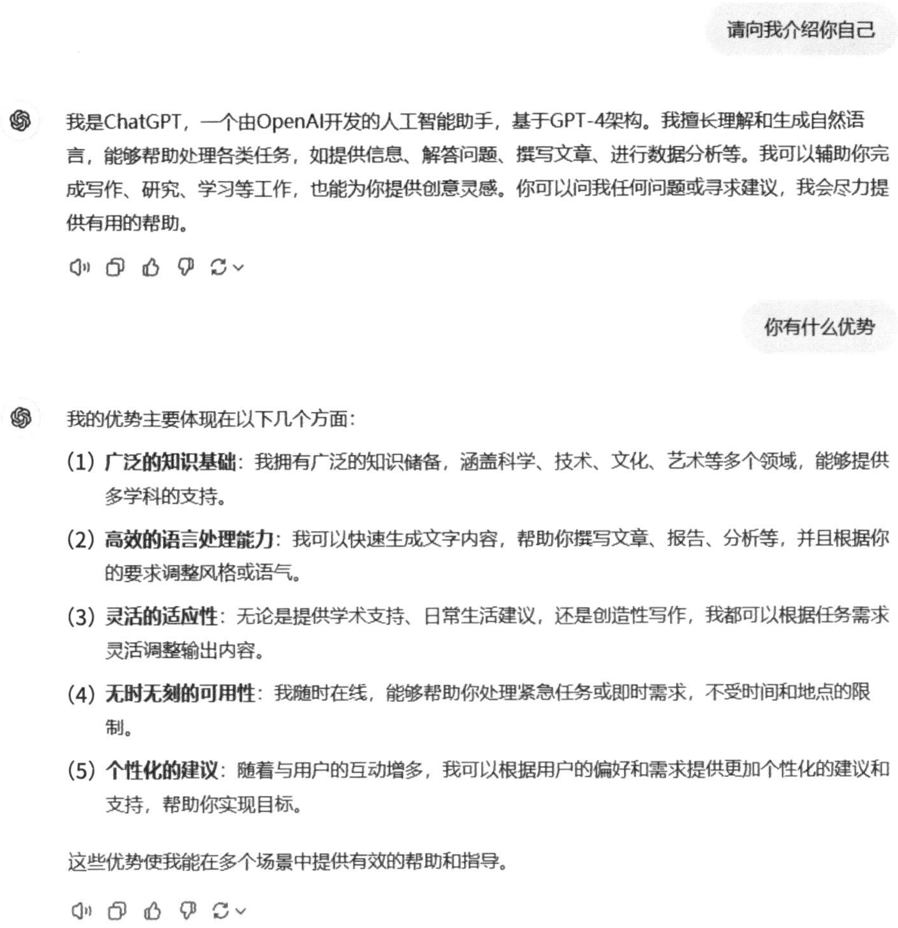

请向我介绍你自己

我是ChatGPT，一个由OpenAI开发的人工智能助手，基于GPT-4架构。我擅长理解和生成自然语言，能够帮助处理各类任务，如提供信息、解答问题、撰写文章、进行数据分析等。我可以辅助你完成写作、研究、学习等工作，也能为你提供创意灵感。你可以问我任何问题或寻求建议，我会尽力提供有用的帮助。

你有什么优势

我的优势主要体现在以下几个方面：

(1) **广泛的知识基础**：我拥有广泛的知识储备，涵盖科学、技术、文化、艺术等多个领域，能够提供多学科的支持。

(2) **高效的语言处理能力**：我可以快速生成文字内容，帮助你撰写文章、报告、分析等，并且根据你的要求调整风格或语气。

(3) **灵活的适应性**：无论是提供学术支持、日常生活建议，还是创造性写作，我都可以根据任务需求灵活调整输出内容。

(4) **无时无刻的可用性**：我随时在线，能够帮助你处理紧急任务或即时需求，不受时间和地点的限制。

(5) **个性化的建议**：随着与用户的互动增多，我可以根据用户的偏好和需求提供更加个性化的建议和支持，帮助你实现目标。

这些优势使我能在多个场景中提供有效的帮助和指导。

图 2-5 ChatGPT 自我介绍

最近，OpenAI 更是宣布免费用户可以每天使用 DALL-E 3 模型来创建图像，这一举动无疑进一步拉近了 AI 技术与大众之间的距离。通过这种方式，更多的普通人有机会亲身体验到 AI 技术的魅力，同时也为 AI 技术的普及和发展注入了新的活力。随着越来越多的用户参与到这个过程中来，ChatGPT 将能够积累更加丰富的交互数据，从而不断提升其性能和服务质量。

2.1.2 文心一言

文心一言，是文心大模型家族的重要成员，更是人工智能技术迈向新高度的重要标志。

作为一个知识增强型的大语言模型，文心一言如图 2-6 所示在语言理解、对话生成、创意辅助以及知识管理等多个方面展现出卓越的能力。它基于数万亿数据和数千亿知识的深度融合学习，经过精密的预训练，并结合了有监督精调和人类反馈强化学习等先进技术，确保其在智能对话、信息检索和知识整合等方面实现了极高的准确性和智能性。

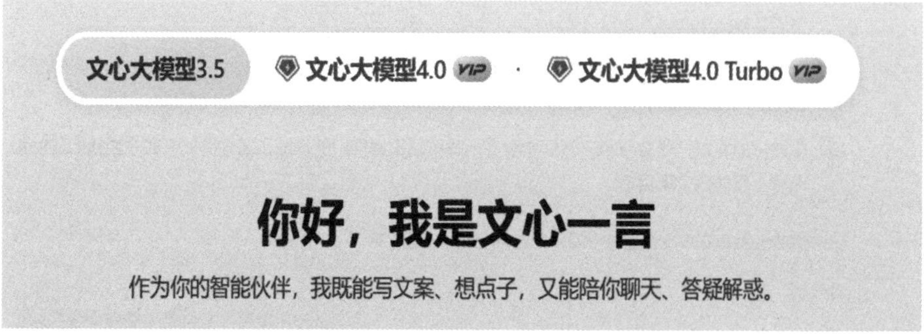

图 2-6 文心一言（1）

文心一言最大的亮点在于它不仅能够进行自然、流畅的对话，还能根据用户的需求提供创意支持，无论是回答问题、协助写作，还是提供高效的知识获取方案，都能够表现得非常出色。这一技术背后依托的是预训练大模型的强大计算能力，结合百度独特的知识图谱和语义理解体系，让文心一言在复杂的语境下也能准确理解并回应用户如图2-7所示。

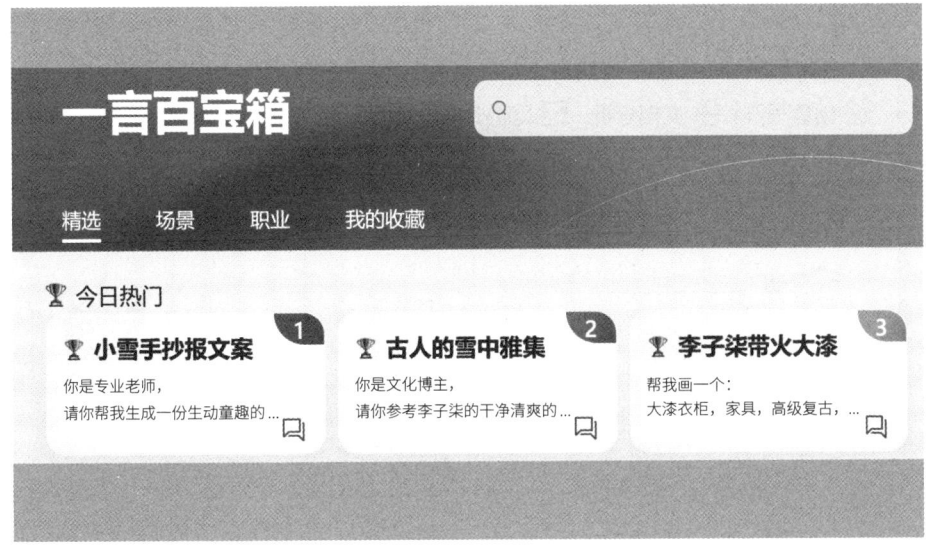

图 2-7 文心一言（2）

自2023年3月16日启动邀测以来，文心一言迅速引发了行业和用户的广泛关注。经过数月的优化与用户反馈，文心一言在2023年8月31日正式向社会全面开放。开放首日，其表现出色：文心一言共计回复了超过3342万个问题，展示了强大的处理能力和流畅的用户交互体验。

文心一言的应用场景非常广泛，无论是在创意产业中助力内容生成，还是在企业级服务中为知识管理提供支持，它都展现出极高的适应性和灵活性。通过融合增强检索、知识推理和智能对话等技术，文心一言能够精准捕捉用户意图，并根据不同需求提供高度个性化的答案和方案，真正实现了知识的智能化应用。

文心一言代表了未来人机互动的全新方式，能够在教育、商业、娱乐等众多领域带来变革性影响。百度凭借文心一言，进一步推动了 AI 技术在实际场景中的落地应用，使得人工智能变得更加贴近生活，走进千家万户。文心一言的出现无疑是百度在智能对话技术上的一次飞跃，也为未来智能生活的构建铺平了道路。文心一言具备一定的图片解析能力，如图 2-8～图 2-10 所示。

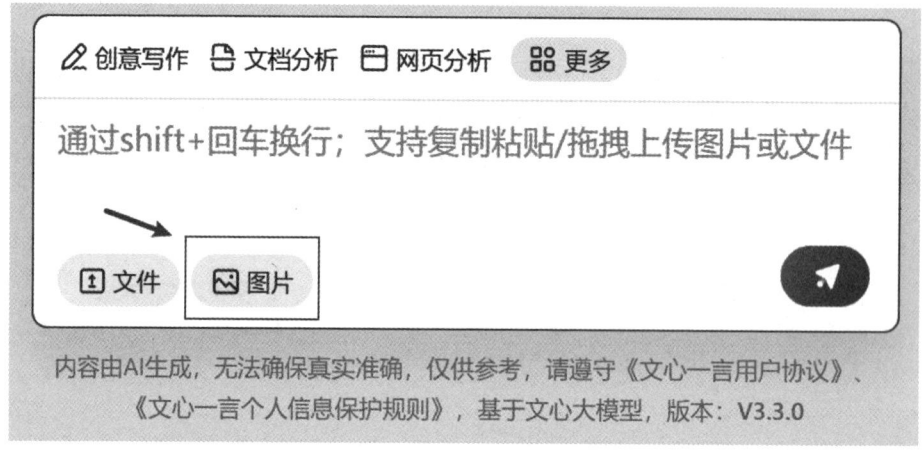

图 2-8 点击"图片"

图 2-9 选中想要让文心一言分析的图片，点击"打开"

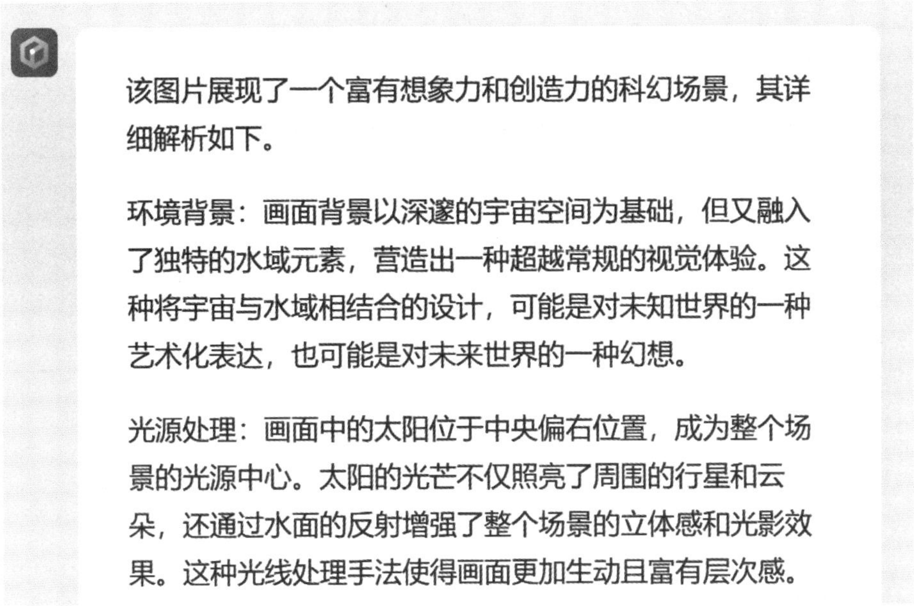

该图片展现了一个富有想象力和创造力的科幻场景，其详细解析如下。

环境背景：画面背景以深邃的宇宙空间为基础，但又融入了独特的水域元素，营造出一种超越常规的视觉体验。这种将宇宙与水域相结合的设计，可能是对未知世界的一种艺术化表达，也可能是对未来世界的一种幻想。

光源处理：画面中的太阳位于中央偏右位置，成为整个场景的光源中心。太阳的光芒不仅照亮了周围的行星和云朵，还通过水面的反射增强了整个场景的立体感和光影效果。这种光线处理手法使得画面更加生动且富有层次感。

图 2-10 文心一言图片解析内容

可见，文心一言迅速根据图片进行解析，并且给出比较全面的解析内容，如果我们对内容不甚满意，还可以让它重新生成，这给我们提供了很大的便捷性。

至 2024 年 4 月 16 日，文心一言用户数已经突破了 2 亿大关，API 日均调用量同样达到了 2 亿次，展现了其在各类应用场景中的广泛需求和高频次使用如图 2-11～图 2-12 所示。同时，文心一言服务的客户数量超过了 8.5 万，百度千帆平台上依托文心一言开发的 AI 原生应用数量也突破了 19 万。

图 2-11 "难倒 AI 挑战"（1）

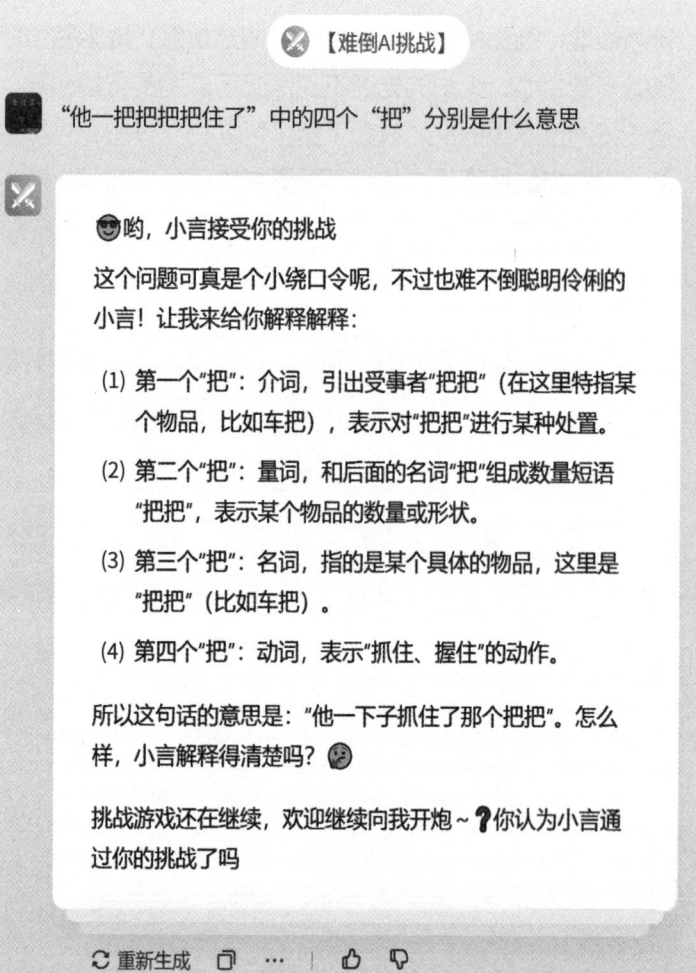

图 2-12 "难倒 AI 挑战"（2）

随着技术的不断进化，文心一言即将迎来新的阶段，将升级为"文小言"，如图 2-13 所示。预计文小言将以更加智能和个性化的方式服务于用户，不断优化人机互动体验，推动信息获取和知识创造的变革。

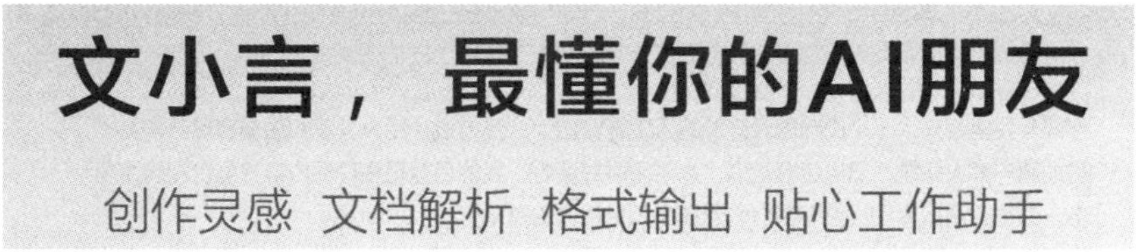

文小言，最懂你的AI朋友

创作灵感　文档解析　格式输出　贴心工作助手

图 2-13 "文小言"

2.1.3 通义千问

通义千问的名称源自古代典籍《汉书》"天地之常经，古今之通义也"，含义是"普遍适用的道理和法则"。

通义千问如图 2-14 所示是阿里云推出的一个超大规模的语言模型，于 2023 年 9 月 13 日正式向公众开放。9 月 25 日，阿里云宣布通义千问 140 亿参数模型 Qwen-14B 及其对话模型 Qwen-14B-Chat，可免费商用。

通义千问具有很强的语言处理功能，速度较快，这款模型在不断发展完善

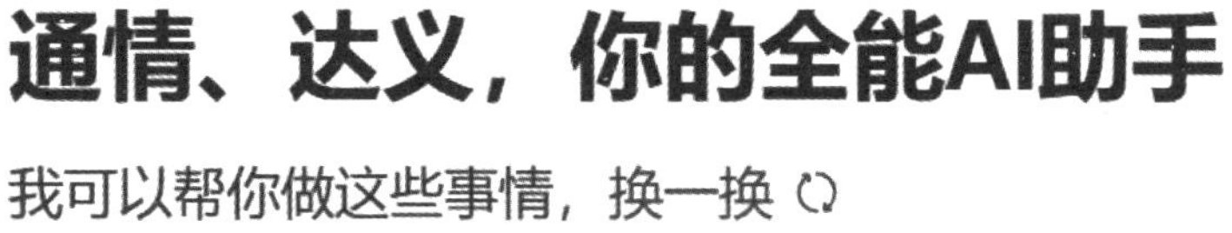

通情、达义，你的全能AI助手

我可以帮你做这些事情，换一换 ↻

图 2-14 通义千问（1）

的过程中。

通义千问的对话页面非常简洁，主页面如图2-15所示可以点击的主要选项包括"对话""效率""智能体"等。

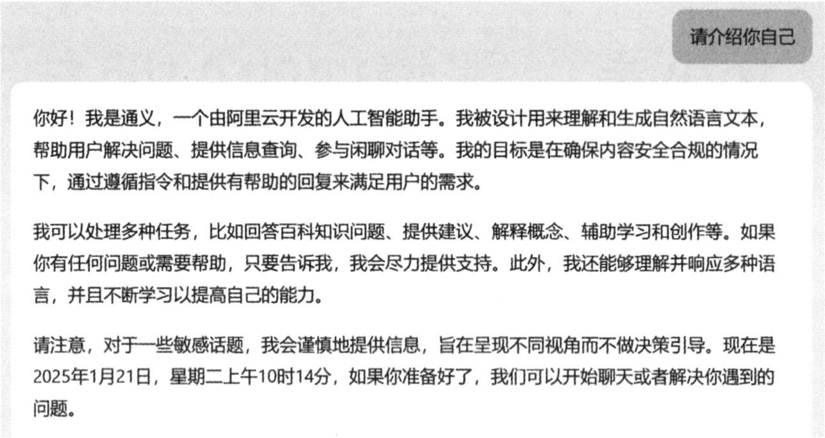

图2-15 通义千问（2）

通义千问可以高效协助办公，具有丰富的办公学习工具，比如"实时记录""阅读助手""PPT创作"等，如图2-16所示。

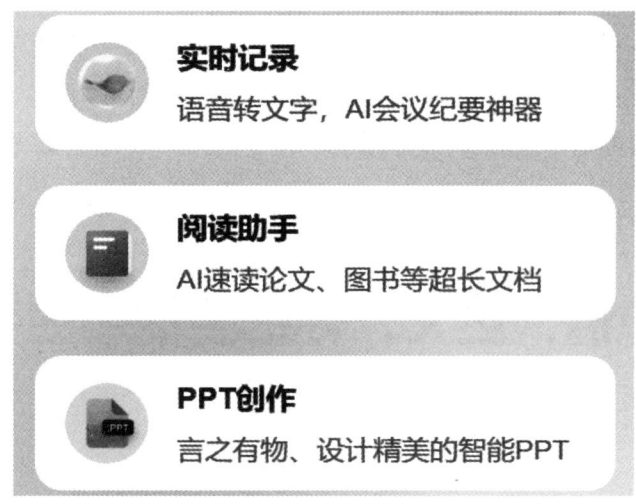

图2-16 通义千问（3）

我们尝试使用"阅读助手",看看通义千问是否能够给出令人满意的答复。点击"阅读助手",页面跳转,如图 2-17～图 2-19 所示。

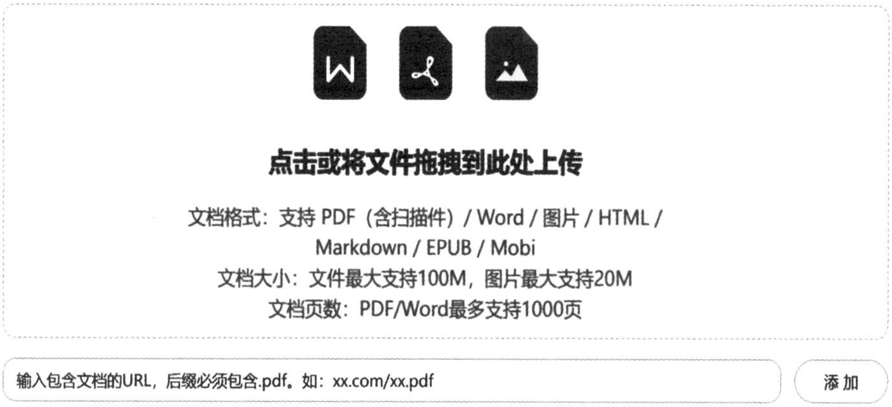

图 2-17 通义千问(4)

图 2-18 通义千问(5)

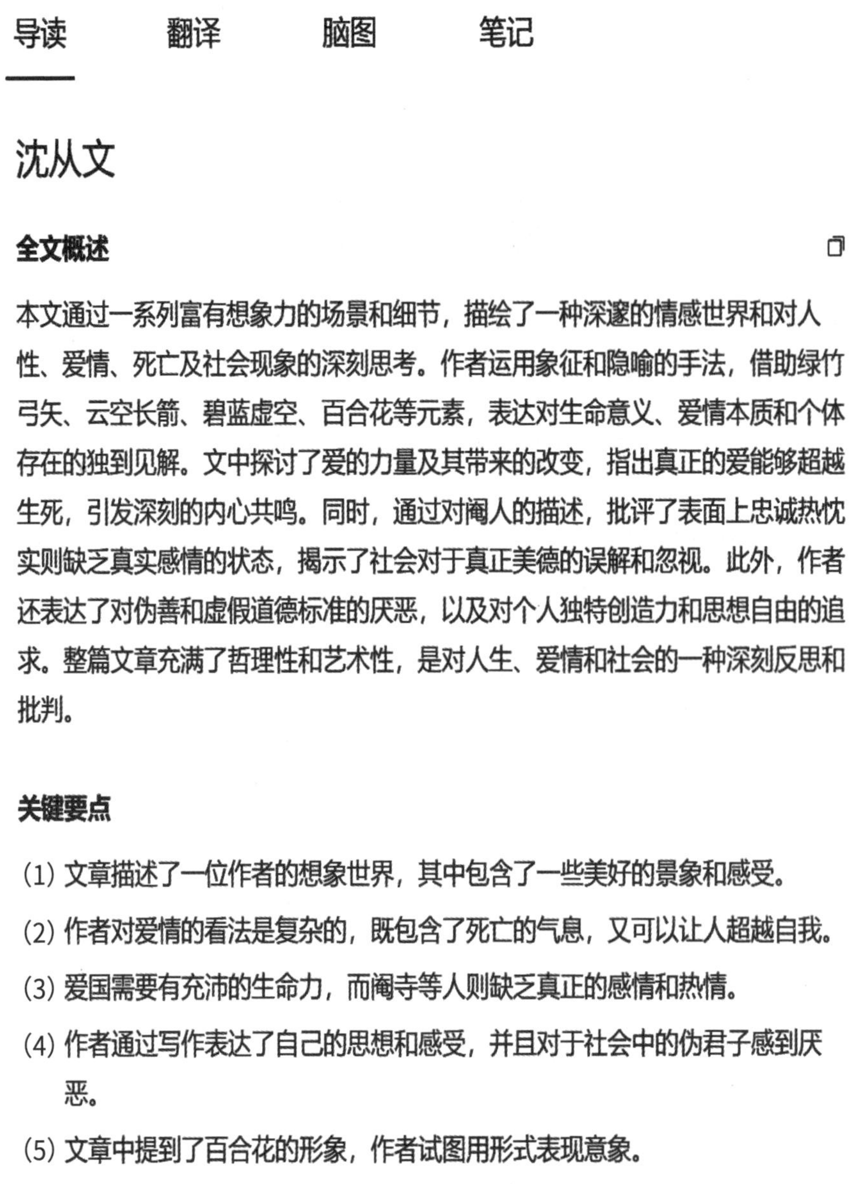

导读　　翻译　　脑图　　笔记

沈从文

全文概述

本文通过一系列富有想象力的场景和细节，描绘了一种深邃的情感世界和对人性、爱情、死亡及社会现象的深刻思考。作者运用象征和隐喻的手法，借助绿竹弓矢、云空长箭、碧蓝虚空、百合花等元素，表达对生命意义、爱情本质和个体存在的独到见解。文中探讨了爱的力量及其带来的改变，指出真正的爱能够超越生死，引发深刻的内心共鸣。同时，通过对阉人的描述，批评了表面上忠诚热忱实则缺乏真实感情的状态，揭示了社会对于真正美德的误解和忽视。此外，作者还表达了对伪善和虚假道德标准的厌恶，以及对个人独特创造力和思想自由的追求。整篇文章充满了哲理性和艺术性，是对人生、爱情和社会的一种深刻反思和批判。

关键要点

（1）文章描述了一位作者的想象世界，其中包含了一些美好的景象和感受。

（2）作者对爱情的看法是复杂的，既包含了死亡的气息，又可以让人超越自我。

（3）爱国需要有充沛的生命力，而阉寺等人则缺乏真正的感情和热情。

（4）作者通过写作表达了自己的思想和感受，并且对于社会中的伪君子感到厌恶。

（5）文章中提到了百合花的形象，作者试图用形式表现意象。

图 2-19 通义千问（6）

　　根据文章的内容，通义千问给出了比较丰富的答案，包括全文概述、关键要点、文档速读等，对文章的解读条理清晰，具有很好的参考性。

2.1.4 星火认知

星火认知是科大讯飞发布的大模型,从初版到如今的迭代,科大讯飞的星火大模型经历了数次蜕变,每一次升级都为人工智能技术的边界拓展了新的可能。从最初的简单文本处理,到后来在 V2.0 版本中引入更为丰富的自然语言处理能力,再到 V4.0 版本中实现的"星火极速超拟人交互"功能,这一系列的发展不仅展示了技术的进步,也体现了科大讯飞对于人性化交流体验的不懈追求。通过这些迭代,星火大模型不仅能够更好地理解和回应人类的需求,还能以更加自然流畅的方式与用户互动,使得人机之间的沟通变得前所未有的亲切和高效。

星火认知大模型的核心能力覆盖了七个方面:文本生成能力,多语言处理能力,知识问答功能,逻辑推理能力,数学运算能力,代码能力,多模交互能力,如图 2-20、图 2-21 所示。

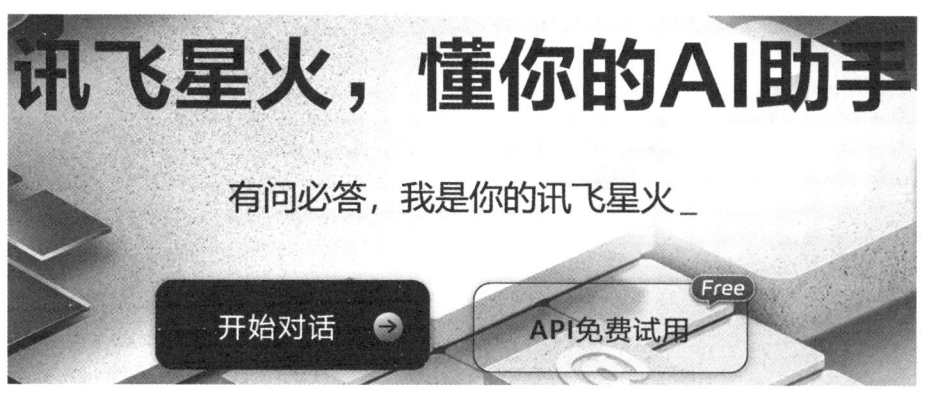

图 2-20 星火认知(1)

图 2-21 星火认知（2）

讯飞星火认知大模型的对话界面内容比较丰富，有许多具有针对性的对话版块，这使得用户可以更加便捷地满足自己的需求。例如，想要利用星火认知做一张店铺的宣传图，可以点击主页面的"绘画大师"，输入关键词，生成想要的图片如图 2-22 所示。

图 2-22 星火认知（3）

如果点击"讯飞晓医",可以快速获得关于医学和健康方面的知识,如图2-23所示。

> 昨天晚上饮酒过量,今天感觉头晕头痛,胃部不适,浑身乏力,我应该怎么办?

首先,您应该停止饮酒,并尝试以下措施来缓解不适:

(1) **饮用西红柿汁或蜂蜜水**:这些饮品中含有果糖成分,可以帮助促进酒精分解和吸收,减轻头痛和胃部不适。
(2) **冰敷或用冷水泡脚**:这可以帮助缓解头痛症状。
(3) **按摩太阳穴**:如果头痛头晕较为明显,适当按摩太阳穴可以缓解不适。
(4) **适当休息**:保证充足的休息,避免过度劳累。
(5) **补充水分和食用碱性易消化食物**:如温开水、米粥、汤面等,有助于稀释体内酒精含量,减少对胃肠黏膜的刺激。
(6) **涂抹精油**:例如薰衣草或薄荷油,轻轻按摩可以缓解不适。

如果以上方法不能有效缓解症状,或者症状持续加重,特别是出现昏迷、神志不清等情况,**应立即前往医院就诊**。医生可能会根据情况给予解毒醒脑药物治疗。

注意事项:避免再次饮酒过量,保护身体健康。若经常遇到类似情况,建议寻求专业医生的帮助,了解如何更健康地应对饮酒带来的影响。

希望这些建议能帮助您缓解不适,但请务必注意身体状况,必要时及时就医。

图 2-23 星火认知(4)

2.1.5 文心一格

文心一格,是百度借助先进的飞桨技术和文心大模型推出的 AI 艺术及创意辅助平台,已成为创意设计领域的一大创新。

这一平台致力于解决设计需求高、创意产出频繁的群体在创作过程中可能遇到的各种瓶颈,为用户提供从文案到图像的智能生成服务,旨在通过技术手段激发用户的创意潜力,优化创作流程。

文心一格具有三重重要特点，分别为"一语成画，智能生成""东方元素，中文原生""多种功能，满足体验"。

"一语成画，智能生成"。文心一格AI技术在创意生成方面的强大能力。用户仅需输入一句简单的描述，文心一格便能迅速理解并转化为一幅具有创意的图像。文心一格的创意生成兼顾图像与提示词的贴合程度，以及质感、风格和构图等多个维度，使生成的作品充分展现了AI与艺术的完美融合。

"东方元素，中文原生"。在文心一格的设计中，东方元素的结合比较明显，文心一格具有全自研的原生中文文生图系统，深刻理解中文语境下的文化特征，精准捕捉中文语境的创意需求。

"多种功能，满足体验"。文心一格具有多功能性，生成图片并不是"一次即止"，如果用户对AI生成的图像初稿不完全满意，平台提供了多种编辑和调整工具。例如，涂抹功能允许用户直接修改图像中不满意的部分，AI将基于用户的新输入进行调整和再创作。图片叠加功能通过组合两张图像生成全新的视觉作品，展现出不同的视觉效果。平台还支持基于用户上传的线稿或动作图片进行定制化创作，进一步提升了创作的自由度和可控性。

文心一格部分优秀作品与提示词展示如图2-24～图2-26所示。

提示词：神圣的丹顶鹤飞翔，日出，菊花，高山，全景山顶上老人背影，凡·高画师

图2-24 文心一格部分优秀作品与提示词展示（1）

提示词：重阳节，登高望远，工笔画，国潮元素，动漫风格，雕塑，唯美。

图 2-25 文心一格部分优秀作品与提示词展示（2）

提示词：木雕小鸟，纹理细节，高清特写

图 2-26 文心一格部分优秀作品与提示词展示（3）

步骤一

登录文心一格,进入主页面。文心一格的登录方式有许多种,使用者可以根据自己的情况选择最方便的方法,包括手机号登录、QQ 登录等,图 2-27 是登录后的主页面。

图 2-27 文心一格登录后的主页面

步骤二

点击主页面左上角的"AI 创作",进行图片创意生成页面。创作页面是操作的"主阵地",在这里要进行一系列操作,最常用的包括输入提示词,选择画面类型,设置画面比例,选择画面数量等。如图 2-28 ~图 2-29 所示。

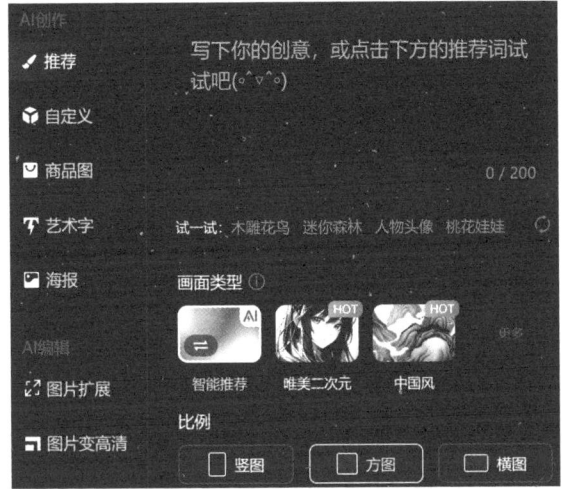

图 2-28 "AI 创作"页面

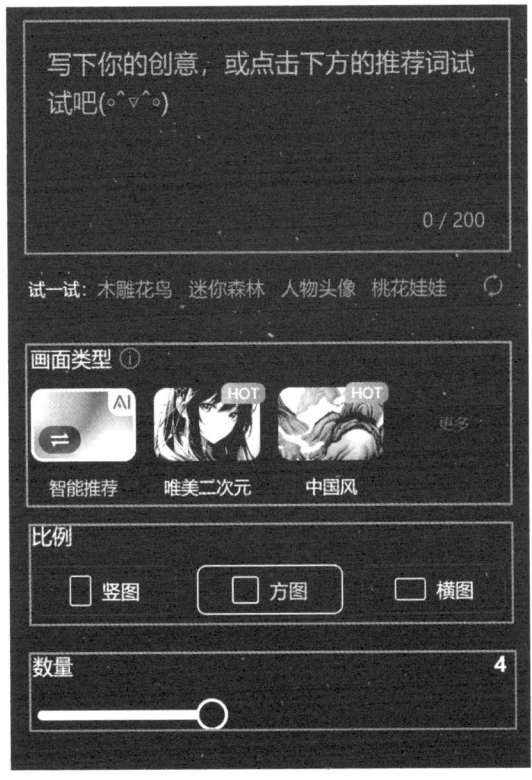

图 2-29 "AI 创作"页面的关键要素

步骤三

输入"古风,艺术细节,细腻,插画"→选择绘画类型为"智能推荐"→比例为"方图"→数量为"2 张",让我们看看效果如何如图 2-30 所示。

图 2-30 图片

根据步骤三输入的内容,以及设定的要求,AI 软件提供比较贴合要求的图片,第二张图还有两棵红色的树木作为点缀,让画面显得更加丰富生动。

步骤四

选择第二张图,点击"设为参考图"。这时可以对其进行进一步细化调节,包括参考图的"影响比重",尺寸,风格等要素如图 2-31 ~图 2-32 所示。

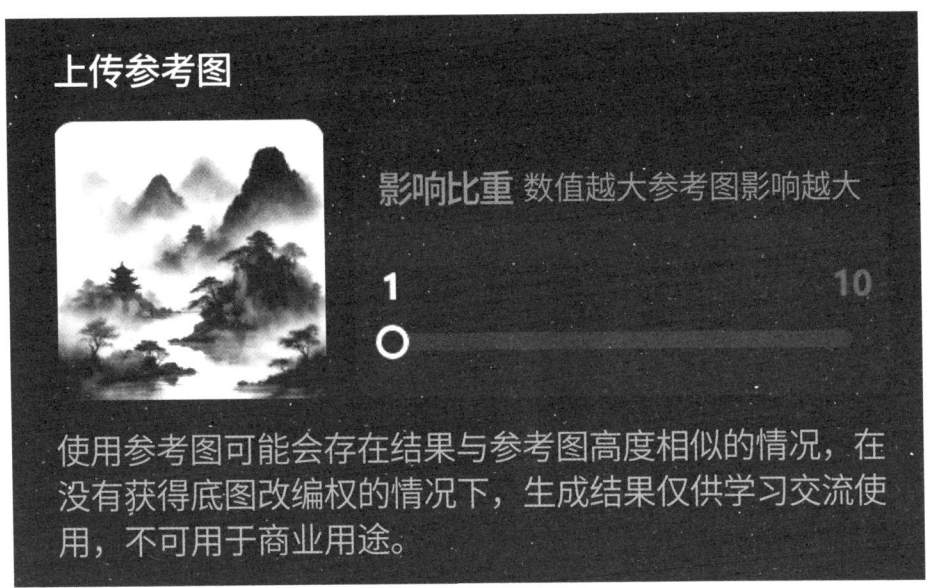

图 2-31 优化图（1）

图 2-32 优化图（2）

根据参考图，AI 软件生风格相似的图片，对此，使用者可以根据自己的喜好选取，如果还有不满意的地方，可以局部重绘或者消除、涂抹。

2.2 AI 提问方法和原则

巧妙使用对话大模型，能够帮助我们快速处理许多复杂的事务，获得想要的答案。在向 AI 提问的时候也要讲究方式方法，简单来说，提问的质量决定答案的质量，提问的效率决定工作的效率！

2.2.1 提问方法

运用正确的提问方法，可以让使用者获得准确有效的回答，节约使用者时间和精力，提高效率。

方法一：用语明确易懂

向 AI 提问的时候，用语要清晰明确，通俗易懂，容易理解，要尽量避免出现歧义词句，不要出现容易引起误会，或者表达比较模糊的话语，人工智能毕竟不是人类，有些时候可能会出现判断失误的情况。因此，提问要明确、清晰，意思表达精确。

错误示范："这个怎么用？"

正确示范："请问如何使用这款软件的数据分析功能？"

错误示范："如何实现神经网络的反向传播算法？"

正确示范："能否简单解释一下什么是神经网络的反向传播算法，以及如何实现它？"

错误示范："告诉我关于宇宙的一切。"

正确示范:"请简要介绍宇宙大爆炸理论的基本概念。"

避免歧义或不明确的问法,可以更有效地与人工智能沟通,获得更准确和有用的答案,如图 2-33 所示。

请简要介绍宇宙大爆炸理论的基本概念。

讯飞星火

使用工具:联网搜索

宇宙大爆炸理论,也称为大爆炸理论或大爆炸宇宙学,是现代宇宙学中最具影响力的理论之一。以下是该理论的基本概念:

(1) **起源与膨胀**:

宇宙大爆炸理论认为,宇宙在约138亿年前的一个极小、极热、极密的奇点处开始膨胀。这个奇点被称为"大爆炸"或"初始奇点",它是时间和空间的起点▷▷。
从那时起,宇宙经历了持续的膨胀过程,至今仍在不断膨胀之中▷▷。

(2) **观测证据**:

这一理论得到了多个天文观测现象的支持。例如,哈勃红移现象表明,远处的星系正在远离我们,且距离越远退行速度越快,这与宇宙膨胀的预测相符▷▷。
宇宙微波背景辐射(CMB)的发现也是支持大爆炸理论的重要证据。这种辐射被认为是大爆炸后留下的"余温",其均匀性和各向同性进一步证实了宇宙起源于一个极度热密的状态▷▷。

(3) **元素形成**:

在大爆炸后的几分钟内,宇宙经历了一个短暂的但极其重要的时期,称为"太初核合成"。在这个时期,轻元素如氢、氦和锂等开始形成▷▷。

(4) **宇宙演化**:

随着时间的推移,宇宙中的物质逐渐聚集形成了星系、恒星和行星等天体结构。这些天体结构的形成和演化是宇宙学研究的重要内容之一▷▷。

图 2-33 提问(1)

可见，使用者用语清晰易懂，AI 迅速给出了我们想要的回答。

方法二：提供参考线索

参考线索，也就是指对于 AI 具有一定参考价值的线索，在提问的时候，为 AI 提供这些内容，AI 可以回答地相对丰富或贴切一些。简单来说，答案会更具针对性和准确性。打个比方，如果我们想要获得网络店铺的营销方案，一定要把本店铺的相关信息发给 AI，而不要直接问"怎么做好网店营销"，所以丰富的线索是非常重要的。

在与 AI 互动时，提供清晰、具体且有上下文的问题将有助于获得更准确、有用的回答。同时，避免模糊不清、过于宽泛或情绪化的提问方式也是非常重要的，如图 2-34 所示。

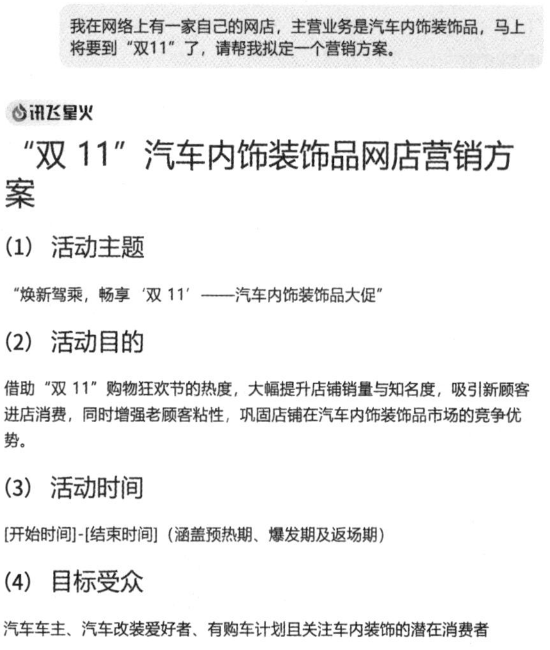

> 我在网络上有一家自己的网店，主营业务是汽车内饰装饰品，马上将要到"双11"了，请帮我拟定一个营销方案。

讯飞星火

"双 11" 汽车内饰装饰品网店营销方案

（1）活动主题

"焕新驾乘，畅享'双 11'——汽车内饰装饰品大促"

（2）活动目的

借助"双 11"购物狂欢节的热度，大幅提升店铺销量与知名度，吸引新顾客进店消费，同时增强老顾客粘性，巩固店铺在汽车内饰装饰品市场的竞争优势。

（3）活动时间

[开始时间]-[结束时间]（涵盖预热期、爆发期及返场期）

（4）目标受众

汽车车主、汽车改装爱好者、有购车计划且关注车内装饰的潜在消费者

图 2-34 提问（2）

错误示范:"这个代码怎么运行不了?"(这个问题缺乏具体的上下文信息,如代码内容、错误消息等。这使得 AI 难以准确地判断问题所在并提供有效的解决方案。)

错误示范:"如果我把这段代码改成这样,它会工作吗?"(这个问题基于一个假设性的情境,即代码已经被修改。然而,没有提供具体的代码或修改细节,导致 AI 无法准确评估代码的工作情况。)

比较规范的提问方式如图 2-35 所示。

> 我准备对我的新家装修,房屋"套内面积"约为 111 平方米,"脚踩面积"约为 105 平方米,我希望采用新中式风格进行装修,预算为 10 万元左右,你有什么建议吗?

讯飞星火

使用工具:联网搜索

以下是一些 10 万元左右装修 111 平方米新中式风格房屋的建议:

基础装修

(1) **墙面地面**:选择性价比高的乳胶漆进行墙面粉刷,颜色以淡雅的米色、灰色或浅咖色为主色调,营造温馨氛围。地面可选用价格适中的强化复合木地板,质感舒适且易于打理,客厅等公共区域也可考虑使用瓷砖,增加空间的通透感和清洁便利性。

(2) **水电改造**:根据实际需求合理规划水电线路,确保插座、开关等位置满足日常生活电器的使用,避免后期使用不便而需要重新布线。选择质量可靠的水电材料,如电线、水管等,保证施工质量和安全性。

门窗家具

(3) **门窗**:如果原有门窗质量较好,可以选择对其进行翻新或更换部分五金件,提升使用性能;若需更换,可选择简约风格的实木复合门,搭配白色或木色的窗套,经济实惠又美观大方。窗户可根据情况更换为断桥铝窗,隔音隔热效果较好。

(4) **家具**:客厅可挑选一款简约的新中式沙发,搭配几个色彩鲜艳的抱枕,增添活力。电视柜选择简洁的款式,与整体风格相协调。餐厅可放置一张圆形或长方形的木质餐桌,搭配几把舒适的餐椅。卧室的床具选择实木框架的,床垫则根据个人喜好选软硬度适中的产品。

图 2-35 提问(3)

方法三：拆分细化提问

提问者有时向 AI 提的问题比较大，问题涉及许多方面，如果直接提问，AI 给出的答案过于宏观，不够细致，缺乏具体性和针对性。在这种情况下，我们可以进行继续提问，针对每一个细小的方面来深入提问。比如，我们想要了解文创产品的设计步骤，可以先向 AI 抛出一个大方向的问题，然后针对每一个步骤继续提问，得到更细致的答案如图 2-36～图 2-37 所示。

文创设计的步骤

讯飞星火

使用工具：联网搜索

文创设计的步骤通常包括以下几个方面：

（1）需求分析与市场调研

了解需求：明确客户或市场对文创产品的需求和期望，包括产品的用途、受众群体、文化主题等，为后续设计提供方向。
市场调研：研究市场上类似产品的现状和趋势，分析竞争对手的产品特点、优势和不足，找出市场空白和潜在机会，以便确定产品的差异化竞争策略。

（2）文化元素研究与创意发想

文化元素研究：深入探究与文创产品相关的文化背景、历史故事、传统艺术、地域特色等文化元素，收集相关资料和素材，为创意提供丰富的文化内涵支撑。
创意发想：通过头脑风暴、思维导图等方式，激发创意灵感，将文化元素与现代设计理念相结合，提出各种创新的设计概念和想法。

（3）设计规划与草图绘制

设计规划：确定产品的形式、功能和目标受众，制定详细的设计规划和时间表，包括外观设计、结构设计、功能设计等方面的初步设想。
草图绘制：根据设计规划，手绘或使用数字绘图工具绘制初步的设计草图，将创意概念形象化地展示出来，以便进一步评估和完善设计方案。

（4）原型制作与测试

原型制作：选择合适的材料和工艺技术，制作初步的产品原型，可以是实物模型或数字模型，以更直观地呈现产品的外观、结构和功能。

图 2-36 提问（4）

其中的市场调研具体要怎么做

✪讯飞星火

使用工具：联网搜索

文创设计中的市场调研主要包括以下步骤：

明确调研目标与问题

（1）**确定目标**：明确此次市场调研是为了了解目标受众的需求、喜好和消费习惯，还是为了分析竞争对手的产品特点、价格策略和市场份额等，亦或是为了掌握当前市场的流行趋势、规模和发展潜力等ppp。

（2）**提出问题**：根据调研目标，制定具体、有针对性的问题。例如，如果目标是了解消费者对文创产品的购买意愿，可以问"您是否愿意购买具有文化创意元素的产品""您会因为哪些因素而购买文创产品"等。

选择调研方法

（3）**问卷调查**：设计详细的问卷，通过线上平台（如问卷星、腾讯问卷等）、社交媒体、电子邮件等方式广泛发放，收集大量样本数据。问卷内容应涵盖消费者的基本信息、购买行为、对文创产品的偏好、对价格的敏感度等方面。

（4）**访谈调查**：包括面对面访谈、电话访谈、视频访谈等方式。可以选择与文创产品的消费者、生产者、经销商、行业专家等进行深入交流，了解他们对文创市场的看法、经验和建议。

（5）**观察法**：在文创产品销售场所（如博物馆商店、文创集市、电商平台

图 2-37 提问（5）

接下来，针对某一个步骤继续发问，获得更加细致的解说。

根据以上提问方式，我们不仅了解了文创产品设计的总体步骤和大概流程，还能通过拆分式的询问方式，一步一步全面了解各个环节具体实践方法。

方法四：扮演一个身份

对 AI 软件提问的时候，可以让 AI 扮演一个身份。这是因为，出于安全与公平的角度，AI 对话大模型在被设计的时候就被规定，它无法回答涉及立场的主观性问题。但是有些时候提问者拿不定主意，需要参考 AI 软件的意见。在这些时候，不妨赋予 AI 软件一个特定的身份，让它扮演某一个角色，显然，AI 软件业确实能够做到这一点。这样一来，我们就能够获得自己想要的答案。

第一步，通过对话的形式，为 AI 软件赋予一个身份。例如，假如你是××，你会怎么做？又如，如果让你扮演××，你将怎样完成这项活动？

第二步，在 AI 软件"转换"身份之后，对它进行发问，在提问的时候要注意 AI 软件此时所扮演的身份，不要提问超出身份之外的问题，要切合实际，否则也无法获得最准确的答案。

接下来我们尝试为 AI 赋予一个身份，看看它能否提供可行的建议。

示范一：

问：

假设，你是一家网络店铺的店铺主，店铺业务是售卖露营相关装备。根据以下内容，为了进一步提升销售额，你将在未来 3 个月怎么筹划销售方案？

截至 2024 年 9 月 26 日

月访问量：15 万次

平均停留时间：3 分 20 秒

转化率：3%

月销售额：人民币 80 万元

月订单量：2000 单

复购率：20%

产品销售排行

(1) 轻量化帐篷月销量 500 顶

(2) 四季适用睡袋月销量 300 条

(3) 多功能背包月销量 250 个

(4) 便携式烧烤炉月销量 200 个

(5) 户外照明设备月销量 150 件

答：

为了在未来 3 个月内进一步提升露营装备网络店铺的销售额，我将从以下几个方面提出筹划方案：

(1) 优化用户体验与页面设计

提升页面加载速度：确保网站在各类设备上都能快速加载，减少用户等待时间。

优化产品详情页：增加高质量的产品图片、视频展示及详细的使用说明，提升用户对产品的了解和兴趣。

改进导航与搜索功能：使顾客能更轻松地找到所需产品，增加关联商品推荐，提高转化率。

延长平均停留时间：通过添加露营知识小贴士、用户评价、问答区等互动内容，增加用户黏性。

(2) 精准营销与促销策略

定向广告投放：利用大数据分析，针对有露营兴趣或购买历史的用户进行精准广告投放，提升曝光率和点击率。

限时折扣与捆绑销售：对热销产品（如轻量化帐篷、四季适用睡袋）设置限时折扣，或推出套餐优惠，如"帐篷＋睡袋"组合购买享受额外折扣。

会员制度与积分奖励：建立会员体系，鼓励复购，会员享受专属折扣、生日礼物、积分兑换等福利。

社交媒体营销：利用微博、抖音、小红书等平台发布露营装备使用教程、户外美景分享等内容，增加品牌曝光度和用户互动。

（3）增加产品线与差异化竞争

新品发布：根据市场趋势和顾客反馈，引入新品如高科技防水帐篷、便携式太阳能充电器等，满足多样化需求。

定制化服务：提供帐篷、背包等产品的个性化定制服务，如印制图案、颜色选择等，增加产品附加值。

环保与可持续性：强调产品的环保材料和可持续性设计理念，吸引越来越多注重环保的消费者。

……

通过上述方案的实施，预计在未来 3 个月内能够显著提升店铺的销售额、转化率和复购率，进一步巩固和扩大市场份额。

示范二：

如果你是网店店主，根据该名用户 A 的后台浏览和消费信息，你会对其作出怎样的判断？

根据文档中用户 A 的浏览和消费习惯，如果我是网店店主，我会对他作出以下判断：

高价值商品偏好：

用户 A 的平均订单价值为 300 元，且有过最高单笔订单金额达到 800 元的记录，表明他倾向于购买价格较高、品质较好的商品。

这一点在他购买的商品类型中也有所体现，如智能手表、无线蓝牙耳机等电子产品，通常属于价值较高的消费品。

电子产品和鞋类爱好者：

从浏览和购买记录来看，电子产品（特别是智能手表和无线蓝牙耳机）以及运动鞋是用户 A 最感兴趣的类别。这表明他对科技产品和运动时尚有一定的追求和热情。

有一定购物频率：

用户 A 的总访问次数为 120 次，平均每次访问时长 4 分钟 15 秒，且最近 30 天还有 15 次访问，显示出他比较活跃且对网店有一定的忠诚度。

他的购买记录也相对频繁，总订单数达到 15 单，最近 30 天就有 3 单，这表明他是一个愿意频繁购物且对网购有一定依赖的顾客。

注重生活品质：

除了电子产品和运动鞋外，用户 A 还购买了空气净化器这样的家居用品，这表明他注重生活环境的品质，愿意为提升生活质量而消费。

对物流服务有较高期望：

在用户反馈中，他提到了物流速度较慢的问题，这说明他对网购的物流速度有较高的期望，可能更倾向于选择那些物流速度较快的商家或平台。

积极互动，参与活动：

用户 A 已订阅邮件并积极参与双十一促销活动、会员日优惠活动等，表明他乐于接受营销信息，并愿意参与店铺的各类活动以获取更多优惠。

社交媒体活跃：

用户 A 已关注店铺并在社交媒体上分享了 5 次、评论了 8 次，这显示他在社交媒体上相对活跃，且愿意分享自己的购物体验和意见，这对于商家来说是一个很好的口碑传播者。

综上所述，我会认为用户 A 是一个高价值、高忠诚度、对电子产品和运动鞋有浓厚兴趣的顾客。他注重生活品质，对物流服务有较高期望，并乐于参与各类营销活动。因此，在运营网店时，我会针对他的这些特点提供相应的产品和服务，如推出更多高品质的电子产品和运动鞋、优化物流体验、加强与他在社交媒体上的互动等，以进一步提升他的购物体验和忠诚度。

方法五：持续引导修正

使用者和 AI 软件对话时，AI 软件可能无法每次都第一时间"领会"和"理解"提问者的真正意图，有少数情况会出现理解偏差，出现答非所问的情况，但这并不意味着 AI 软件无法回答相关问题。当遇到这种情况，提问者应调整提问方法，对 AI 软件持续引导修正，引导其"走上正轨"。

请看下面这则例子。

问：

大学声乐专业课教师如何提升教学质量。

答：

大学声乐课教师提升教学质量是一个持续的过程，涉及教学方法的改进、个人专业技能的提升以及对学生需求的深入理解。以下是一些具体的建议：

（1）持续自我提升：

不断学习和研究声乐理论、技巧及最新教学法，保持专业技能的前沿性。

参与声乐研讨会、工作坊和进修课程，与同行交流经验，拓宽视野。

定期邀请其他声乐专家进行观摩和指导，接受外部反馈以改进教学。

（2）优化教学方法：

采用多元化教学手段，如视频教学、在线课程、小组讨论等，以适应不同学生的学习风格。

实施个性化教学计划，根据每个学生的嗓音特点、学习能力和兴趣定制教学内容。

引入实践教学，如组织音乐会、歌剧片段表演等，让学生在实践中学习和提升。

（3）强化理论与实践结合：

确保学生不仅掌握声乐理论知识，还能通过实际练习将其转化为技能。

讲解声乐技巧时，结合人体解剖学、生理学原理，帮助学生理解声音产生的科学基础。

鼓励学生进行录音和录像，自我评估并反馈改进意见。

（4）建立良好的师生关系：

保持开放和包容的态度，鼓励学生提问和表达意见，建立信任和支持的师生关系。

定期与学生进行一对一的沟通，了解他们的学习进展、困难和期望，提供个性化的指导和支持。

培养学生的自信心和自律性，鼓励他们设定并追求个人目标。

（5）评估与反馈：

设计科学的评估体系，包括定期的技能测试、作业、课堂参与度等，全面评价学生的学习成果。

给予及时、具体、建设性的反馈，帮助学生明确自己的优点和不足，指导他们如何改进。

鼓励学生之间进行互评和自评，培养他们的批判性思维和自我反思能力……

AI 软件收到"大学声乐专业课教师如何提升教学质量"这一问题之后，快速给出了许多具体的偏向于实践路径方面的建议，具有一定的现实可行性，但是如果提问者想要的内容不单纯是具体实践，同时还想要一些理论性的内容要怎么办呢？而且我们可以发现，这些答案都是非常琐碎、稀碎的，有时可能只有短短的几个字，难以形成连贯的内容，针对这些问题，提问者就可以适当对 AI 进行修正引导，引导其给出更符合提问者需求的答案。

问：

请结合一些理论性内容进行介绍，并且不要细分条目。

答：

大学声乐课教师提升教学质量是一个综合性的任务，它要求教师不仅具备深厚的声乐专业技能，还要掌握先进的教学理念和方法，同时能够灵活应对学生的个体差异，为他们提供个性化的指导。以下是对这一过程的深入阐述，结合了相关的理论性内容。

首先，从专业技能的角度来看，声乐教师需要不断精进自己的声乐技巧，包括发声原理的理解、呼吸控制、共鸣腔体的运用等。这些技能的提升可以通过持续的学习和实践来实现，如参加声乐研讨会、大师班，与同行交流经验，以及自我录音和录像进行反思。此外，声乐教师还应关注声乐科学的最新研究成果，如人体解剖学、生理学在声乐领域的应用，以及声音分析技术的进展，这些都能为教学提供科学依据。

在教学理念上，声乐教师应秉持"以学生为中心"的原则，关注学生的个体差异和学习需求。这意味着教师需要了解每个学生的嗓音特点、学习能力、兴趣偏好等，以便为他们量身定制教学计划。同时，教师还应鼓励学生积极参与学习过程，培养他们的自主学习能力和批判性思维。为了实现这一目标，教师可以采用多元化的教学手段，如小组讨论、案例分析、角色扮演等，以激发学生的学习兴趣和参与度。

在教学方法上，声乐教师应注重理论与实践的结合。理论知识的传授应建立在科学的基础上，通过生动的案例和实例来帮助学生理解抽象的概念。实践环节则要求学生通过大量的练习来巩固所学知识，提升声乐技能。此外，教师还可以利用现代科技手段，如录音设备、视频软件等，来记录学生的练习过程，为他们提供具体的反馈和改进建议。

在评估与反馈方面，声乐教师应建立科学的评估体系，包括技能测试、作业、课堂参与度等多个维度。评估结果应及时、具体地反馈给学生，帮助他们明确自己的优点和不足，并指导他们如何改进。同时，教师还应鼓励学生之间进行互评和自评，培养他们的自我反思能力和团队合作精神。

其次，声乐教师还应关注行业动态和学生就业情况。通过参加音乐会、歌剧演出等活动，教师可以了解声乐行业的最新动态和趋势，为学生提供行业信息和职业发展建议。同时，教师还可以加强与音乐院校、歌剧院、合唱团等机构的合作，为学生提供实习和就业机会，帮助他们顺利过渡到职业生涯。

最后，大学声乐课教师提升教学质量是一个复杂而系统的过程，它要求教师具备深厚的专业技能、先进的教学理念和方法以及对学生个体差异的深刻理解。通过不断的学习和实践，教师可以不断提升自己的教学水平，为学生的声乐学习和职业发展奠定坚实的基础。

经过修正引导后，AI软件给出的答案用于流畅连贯，不再是"1.2.3"的模式，而更像逻辑缜密、思维连贯的文章，而且内容上面也丰富了理论性，符合提问者的要求。

2.2.2 提问原则

使用者和 AI 交互的时候,要遵循几点重要的原则,以确保更容易获得符合自己需求的高质量答案,比如,提问要具体、明确,避免模糊化提问等。

原则一:提供充足的背景资料

在向 AI 提问的时候,应该提供充足的背景资料,把 AI 当成人,只有当它充分了解我们提问的环境,才能回答更加贴切。

错误示范:请帮我撰写一段营销宣传语。

正确示范:我的店铺经营服饰鞋帽,适合 20~45 岁年龄段的受众,近期准备让利促销,希望"走量",请帮我撰写一段营销宣传语见图 2-38。

🔥讯飞星火

以下是几种不同风格的营销宣传语,供你参考:

文艺清新风

🌹亲爱的时尚达人们!我们的服饰鞋帽店即将迎来一场盛大的让利狂欢🎉。每一件衣物、每一双鞋子、每一顶帽子,都承载着我们对美的执着与追求💖。从20岁的青春活力,到45岁的优雅从容,我们都有适合你的时尚之选👗👠。现在,为了让更多的朋友感受到时尚的魅力,我们决定走量促销🎁!品质不打折,价格更亲民😊。快来店里,挑选属于你的时尚单品吧🛍!

活泼俏皮风

😄嘿,20~45岁的小伙伴们看过来呀👀!咱们的服饰鞋帽店要搞大动作啦🎩!为了感谢大家一直以来的支持,这次我们决定疯狂让利,走量促销😎!不管你是喜欢潮流时尚的酷盖😎,还是优雅气质的知性女神👰,这里都有你想要的款式哦👗。价格超划算,买到就是赚到😉!还等什么,赶紧来逛一逛吧🛒!

图 2-38 营销宣传语

在充足的背景资料，AI 软件可以给出贴合实际情况的答案，该宣传语言简意赅，具有一定的感染力。

错误示范：请帮我撰写一段运动手表的宣传文案。

正确示范：（写清运动手表的相关信息，提供充足的参考背景）请你帮我撰写一篇关于××运动手表的宣传文案，该运动手表抗震效果好，心率监测、血压检测、睡眠监测等功能比较强大，而且充满一次电可以正常使用半月时间。要求，文案风格通俗一点、诙谐幽默，受众是青年群体和中年群体如图 2-39 所示。

> 请你帮我撰写一篇关于××运动手表的宣传文案，该运动手表抗震效果好，心率监测、血压检测、睡眠监测等功能比较强大，而且充满一次电可以正常使用半月时间。要求，文案风格通俗一点、诙谐幽默，受众是青年群体和中年群体。

讯飞星火

标题："腕间"铁汉"来袭，守护活力不设限！"

嘿，朋友们！今天要给你们安利一款超硬核的运动手表——"铁腕卫士"，它可是咱们运动达人的贴心小棉袄哦！

抗震小能手，挑战无极限

想象一下，你正激情奔跑在颠簸的小径上，或是攀爬陡峭的山崖，这时候，你的手表要是像娇花一样脆弱，那得多扫兴？别怕，"铁腕卫士"来拯救你！它的抗震能力，就像给它穿上了钢铁战衣，无论你是跳跃、奔跑还是不小心"亲密接触"地面，它都能稳如泰山，继续忠诚地陪伴你左右。这抗造程度，简直是运动界的"硬汉"标配！

健康监测，比你还懂你

别看它外表硬朗，内心却细腻得很呢！"铁腕卫士"内置了强大的心率监测、血压检测和睡眠监测功能，简直就是你的私人健康顾问。跑步时，它能实时监控你的心率，提醒你调整节奏，避免过度劳累；休息时，它又能悄悄告诉你昨晚的睡眠质量如何，甚至还能帮你分析血压变化，让你对自己的身体状况了如指掌。有了它，感觉就像身边多了个 24 小时待命的医生，时刻守护着你的健康。

图 2-39 运动手表宣传文案

该回答内容丰富，突出产品的特点，可以帮助潜在的中青年运动爱好者更清楚地理解产品的具体好处，更有可能产生购买意向。

原则二：优化语言风格

当我们需求不同时，所需要的语言风格也不同。比如，我们想要获得一段商业宣传语，语言风格则要尽量通俗、欢乐，具有一定的感染力，如果想要获得一段图书或论文的引言，语言风格就要尽量专业、学术，具有严谨性。因此，当我们向 AI 提问的时候，要引导 AI 软件使用合适的语言风格，不断进行优化，这样才能达到理想的效果如图 2-40 所示。

请帮我撰写一段朋友圈宣传文案，产品是××品牌的豆沙红色口红，持久定妆，效果自然。

讯飞星火

使用工具：联网搜索

✨宝子们！今天一定要给你们分享我新入手的豆沙红色口红，简直是冬日里的温柔神器！🖤

💄 这款豆沙红口红，颜色超正，不偏紫也不偏粉，上嘴就是浓郁的枣泥豆沙色，薄涂是温柔的蜜桃豆沙，厚涂则是干枯玫瑰色，气质满满！😊

💧 质地丝滑，一点也不拔干，持久度还特别棒，完全不用担心掉色沾杯的问题。而且它很滋润，不会让嘴唇感到干燥。😊

🐻 不管你是黄皮还是白皮，都能轻松驾驭，显白效果一流！日常素颜或者淡妆时涂它，瞬间提升气色，让你看起来精神焕发。🖤

👠 无论是上班、约会还是参加派对，它都能让你成为人群中的焦点。真的是一支非常实用又好看的口红，强烈推荐给各位小仙女们！😊

#豆沙红色口红 #持久定妆 #适合各种场合

图 2-40 口红宣传文案（1）

AI 给出关于口红宣传文案，总体比较符合要求，我们接下来对其稍加调教，适当优化语言风格如图 2-41 所示。

> 用语可以再活泼一些，具有更强的感染力和号召力。

讯飞星火

哇塞！宝子们！我不允许还有人不知道这款超绝的豆沙红色口红！😎

这颜色，我的天！简直是冬日里的一颗温柔炸弹！💥 浓郁的枣泥豆沙色，薄涂是甜妹专属的蜜桃豆沙，厚涂秒变气质女神的干枯玫瑰色，谁涂谁好看，完全不挑皮！👏

质地丝滑得像巧克力一样，滋润度满分！🚀 完全不会拔干，而且持久定妆超厉害，吃东西都不怕掉色哦！😋

不管你是黄皮小可爱还是白皮大美女，都能轻松 hold 住！✨ 显白效果杠杠滴，让你瞬间白到发光！❄️

日常出门涂它，素颜也能变仙女；约会时涂它，男朋友的目光都被你锁定；参加派对涂它，你绝对是全场最靓的仔！😍

真的，各位小仙女们，别再犹豫了！赶紧入手这支宝藏口红吧！😘 让我们一起美美的过冬天！❄️

#豆沙红色口红 #持久定妆 #适合各种场合

问问智能体：发言/演讲/主持稿　　每日金句

图 2-41 口红宣传文案（2）

可以看到，经过我们优化后的文案用于更加活泼生动，非常符合营销文案的特点，当潜在用户看到这样的文字后，很容易产生购买欲望。

假如提问者在甜品站从事营销工作，想要利用某个周末提升店内甜品销售量，可以利用 AI 软件，帮助自己生成一个定位精准，营销目标明确的营销宣传文案如图 2-42 所示。

假设，你是甜品站的一名营销人员，想要利用某个周末达成预定的销售目标。为此，要撰写宣传文案发布朋友圈，请撰写一份。

讯飞星火

标题：【周末甜品狂欢】

亲爱的朋友们，周末的钟声已经敲响，是时候给自己的味蕾来一场甜蜜的旅行了！我们甜品站特别策划了一场"周末甜品狂欢"，只为给你带来不一样的甜蜜体验！

活动亮点：

1.【限时特惠】本周末（XX月XX日至XX月XX日），全场甜品享受8折优惠！错过等一年，快来抢购吧！

2.【新品上市】独家推出的"梦幻星空"蛋糕，采用进口食材，每一口都是对味觉的极致诱惑。前50名下单的朋友还将获得神秘小礼物一份哦！

3.【分享有礼】将本次活动分享到朋友圈并集齐20个赞，即可免费兑换我们店内人气单品——芒果雪芭一份！数量有限，先到先得！

4.【亲子时光】带上你的宝贝来店消费，即有机会参与"小小烘焙师"体验活动，让孩子在玩乐中学习烘焙的乐趣。

地点：[店铺地址]
时间：仅限本周末（XX月XX日至XX月XX日）
预约电话：[电话号码]

生活需要一点甜，就像我们需要你一样！这个周末，让我们一起沉浸在这份甜蜜之中吧！期待与你相遇，共享这份美好时光。

图 2-42 甜品站营销文案（1）

这份营销文案符合甜品站营销模式的基本定位，具有一定的吸引力，层次分明，很适合在朋友圈发送，预计会有一定的宣传效果。但是文字过于冗长。可以根据提问优化语言风格的原则，适当利用提示词，对该段文字进行优化。

进行调整优化，运用提示词"过于冗长""吸睛程度不够""200 字以内"如图 2-43 所示，看看 AI 软件将生成怎样的内容？

> 标题:【周末甜品狂欢】🍰
>
> 朋友们,周末到啦!🍩 甜品站带来甜蜜惊喜:
>
> 🎁 本周末(XX月XX日至XX月XX日),全场甜品8折!
>
> 🌟 新品"梦幻星空"蛋糕上线,前50名下单送神秘礼物!
>
> 📢 分享此消息到朋友圈,集20赞免费得芒果雪芭一份!
>
> 👨‍👩‍👧 带宝贝来店,更有机会参与"小小烘焙师"体验!
>
> 📍 地址:[店铺地址]
>
> ⏰ 时间:仅限周末哦!
>
> 📞 预约电话:[电话号码]
>
> 快来享受这份甜蜜吧!💝

图 2-43 甜品站营销文案(2)

可见,经过提示词适当调整优化后,AI 软件给出的营销文案内容更加实际,具有很强的实用性。

原则三:结构化提问

结构化提问是一种有效的沟通策略,特别是在与 AI 软件交互时。这种方法的核心在于将复杂或宽泛的问题拆解成更小、更具体、更有条理的部分,从而帮助 AI 更准确地理解你的需求,并给出更有针对性的回答。

在提问之前,先停下来思考一下,你真正想要了解或解决的是什么。这个目标应该是具体而明确的,而不是模糊或笼统的。明确的目标有助于你构建更有针对性的问题,也能让 AI 更容易地识别你的需求。

要将大问题拆解成小问题。如果你面对的是一个复杂或宽泛的问题,尝试将其分解成几个更小、更具体的子问题。这样做的好处是,每个子问题都更容易被 AI 理解和回答,而且通过组合这些子问题的答案,你可以更全面地解决原始的大问题。在拆解问题的过程中,还需要注意问题的逻辑顺序。尽量按照逻辑或时间顺序来排列子问题,这样既可以更清晰地理解问题的结构,又能让 AI 在回答时保持连贯性。要尽量使用简洁明了的语言，避免使用冗长或复杂的句子结构，尽量用简单、直接的语言来表达你的问题。这样做有助于减少误解和歧义，提高沟通效率。通过遵循结构化提问的原则，可以更有效地与 AI 软件沟通，提高沟通效率和准确性。

2.2.3 提问的注意事项

AI 软件就像一个开发不尽的百宝箱，我们可以通过合理的提问获得许多优质的答案，但是提问的过程中也有一些注意事项，这些地方需要我们尽量去避免。

避免涉及隐私信息

使用者和 AI 软件对话的时候，不要询问或提供个人隐私信息，如身份信息、密码、地址、银行卡信息等。尽管人工智能具备高度的知识处理能力，但它并不具备对敏感数据的处理能力和权限，也无法保障这些信息的安全性。例如，不应测试人工智能是否会要求输入密码、验证身份或是提供其他敏感信息。这种行为不仅有违安全使用原则，也可能涉及违法操作。

避免涉及非法或不道德内容

使用者在和 AI 软件交流的过程中，要避免出现任何涉及任何非法或不道德的内容。询问问题的时候，不要出现有关违法行为、暴力、歧视、仇恨言论、欺诈、黑客技术等内容，这些内容不仅违背道德准则，还可能触犯法律。

避免恶意测试人工智能道德底线

与人工智能互动时，用户应避免恶意测试其道德底线，不应故意提出极端的道德困境或试图引导其作出不当的回答。尽管人工智能具备一定的防范机制，能够过滤掉一些不道德或极端的问题，但其核心设计并非用于引起伦理争议。人工智能的目的是帮助用户获取知识和解答问题，而不是对复杂的人类伦理进行评判。

2.3 提示词及其应用

提示词（prompt），是用来提示 AI 软件的词句，巧妙运用提示词，能让 AI 软件更加"懂得"使用者的意思，明确使用者的需求，这样才能给出更加确切的答案，提高答复的效率。

2.3.1 提示词

那么如何使用提示词，如何确保提示词准确无误呢？这就涉及比较复杂的内容了。正所谓"工欲善其事必先利其器"，我们想要提高使用 AI 软件的效率，就必须要学会运用提示词这一利器。

我们先问一下 AI，看看它会作出怎样的回答如图 2-44 所示。

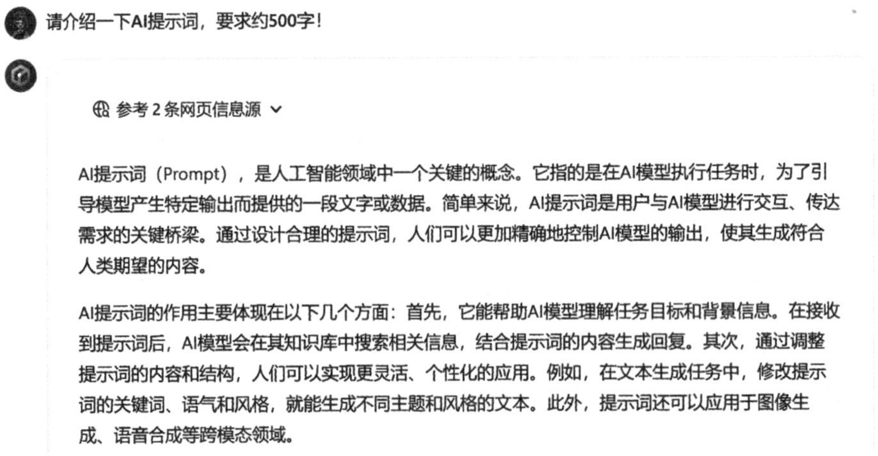

> 请介绍一下AI提示词，要求约500字！
>
> 参考 2 条网页信息源
>
> AI提示词（Prompt），是人工智能领域中一个关键的概念。它指的是在AI模型执行任务时，为了引导模型产生特定输出而提供的一段文字或数据。简单来说，AI提示词是用户与AI模型进行交互、传达需求的关键桥梁。通过设计合理的提示词，人们可以更加精确地控制AI模型的输出，使其生成符合人类期望的内容。
>
> AI提示词的作用主要体现在以下几个方面：首先，它能帮助AI模型理解任务目标和背景信息。在接收到提示词后，AI模型会在其知识库中搜索相关信息，结合提示词的内容生成回复。其次，通过调整提示词的内容和结构，人们可以实现更灵活、个性化的应用。例如，在文本生成任务中，修改提示词的关键词、语气和风格，就能生成不同主题和风格的文本。此外，提示词还可以应用于图像生成、语音合成等跨模态领域。

图 2-44 提示词 (1)

问：

向 AI 软件提问，有哪些比较重要的提示词？

答：

在向 AI 软件提问时，使用恰当的提示词可以帮助 AI 更准确地理解你的意图，从而提高回答的质量和效率。以下是一些比较重要的提示词，你可以根据具体情况灵活使用：

明确性提示词：

"请明确回答"

"我需要一个确切的答案"

"请详细解释"

这些提示词强调了你需要清晰、具体的答案，有助于 AI 避免模糊或泛泛而谈的回答。

范围限制提示词：

"只考虑……"

"在……范围内"

"不包括……"

通过指定范围或限制条件，你可以帮助 AI 更准确地定位问题的焦点，避免无关信息的干扰。

优先级提示词：

"最重要的是……"

"首先需要考虑的是……"

"次要因素有哪些？"

这些提示词有助于 AI 理解你对于答案中各个部分的重视程度，从而更合理地安排回答的顺序和内容。

逻辑顺序提示词：

"然后……"

"接下来……"

"最后……"

使用这些提示词可以帮助 AI 按照逻辑顺序组织答案，使回答更加连贯和易于理解。

情感或语气提示词：

"请保持客观"

"我希望听到一个乐观的答案"

"请以专业的角度回答"

这些提示词有助于 AI 理解你对于答案情感色彩或专业性的要求，从而调整回答的语气和风格。

确认与反馈提示词：

"是否正确？"

"你理解了我的问题吗？"

"请继续……"

这些提示词可以帮助你与 AI 进行互动，确认 AI 是否准确理解了你的问题，以及是否需要进一步补充或调整答案。

感谢与鼓励提示词：

"谢谢你的回答"

"你做得很好"

"请继续努力"

虽然这些提示词不直接影响答案的准确性，但它们可以表达对 AI 工作的认可和鼓励，有助于提高 AI 的积极性和服务质量。

请注意，这些提示词并不是固定不变的，你可以根据具体问题和 AI 的特点进行灵活组合和调整。同时，也要保持耐心和开放的心态，与 AI 进行积极的互动和沟通。

问：

可否再提供更加充足和细致的提示词？

答：

当然，以下是一些更加充足和细致的提示词，你可以在向 AI 软件提问时加以运用，以帮助你更精确地表达需求并获得更高质量的回答：

明确需求与范围

具体性：

请详细说明……

我想要了解关于……的具体信息

能否提供……的详细步骤？

范围界定：

仅限于……范围内讨论

请排除……因素，仅考虑……

专注于……的核心问题

优先级：

最关键的信息是什么？

首先需要解决的是……

次要信息可以省略

逻辑与结构

顺序：

按照……的顺序进行回答

先解释……再讨论……

最后，请总结……

分类：

将信息分为……几类进行回答

每一类请包含……内容

各类之间的关联是什么？

因果：

请分析……的原因

结果会导致什么？

是否有其他可能的因果关系？

细节与深度

深入：

请深入探讨……的深层含义

能否提供……的深层次分析？

背后的原理或机制是什么？

举例：

请给出……的具体例子

能否用实例说明……?

类似的情况还有哪些?

数据:

请提供……的数据支持

是否有最新的统计数据?

数据来源是否可靠?

情感与态度

客观性:

请保持客观中立的态度

不要加入个人主观意见

基于事实进行回答

积极性:

请给出积极正面的建议

能否提供一些鼓励性的信息?

如何从积极的角度看待……?

同理心:

请理解我的需求并给出相应的回答

能否站在我的角度思考?

你认为我会对……有什么感受?

互动与反馈

确认:

你是否理解了我的问题?

请确认我是否表述清楚?

如果有误解,请指出并纠正

补充:

是否有遗漏的信息需要补充?

能否进一步解释……的细节?

还有其他需要注意的方面吗?

调整:

如果回答不符合预期,请调整方向

能否根据我的反馈进行修改?

还有其他可能的回答方式吗?

这些提示词不仅可以帮助你更清晰地表达需求,还可以引导 AI 提供更具体、深入、结构化的回答。同时,它们也有助于提高你与 AI 之间的互动效率和沟通质量。

在使用提示词的时候,提问者要注意什么?

答:

在使用提示词进行提问时,提问者需要注意以下几个方面,以确保提问的有效性和清晰度:

明确性:

提问者应确保提示词本身足够明确,能够直接指向所需的信息或答案。避免使用模糊、含糊不清的词汇,这可能会导致回答者产生误解或提供不准确的信息。

相关性：

选择的提示词应与提问的主题紧密相关。确保这些词汇能够引导回答者聚焦于问题的核心，避免偏离主题或引入不相关的信息。

简洁性：

提问者应尽量使用简洁的提示词，避免冗长或复杂的表述。简洁的提示词更易于理解，也更容易激发回答者的思考和回应。

逻辑性：

如果问题涉及多个方面或层次，提问者应确保提示词之间具有逻辑联系。这有助于回答者更好地理解问题的结构，并按照逻辑顺序提供答案。

避免引导性：

提问者在使用提示词时应避免过于引导性或暗示性的表述。这可能会限制回答者的思考范围，导致他们无法提供全面或多样化的答案。

考虑语境：

提问者应根据提问的语境选择合适的提示词。不同的语境可能需要不同的词汇或表达方式，以确保问题能够被正确理解。

尊重多样性：

提问者应尊重回答者的多样性和差异性。在选择提示词时，应避免使用可能引发偏见或歧视的词汇，以确保所有回答者都能感到被尊重和包容。

测试与调整：

在正式提问之前，提问者可以先行测试提示词的有效性。通过向少数人提出问题并观察他们的回应，可以评估提示词是否清晰、相关且易于理解。根据测试结果，提问者可以调整或优化提示词。

综上所述，使用提示词进行提问时，提问者需要确保提示词的明确性、相关性、简洁性、逻辑性、非引导性、考虑语境、尊重多样性以及进行测试与调整。这些注意事项有助于提问者更有效地引导回答者提供准确、全面且有价值的答案。

可以看出，当我们输入"在使用提示词的时候，提问者要注意什么"问题，AI 软件给出答案比较全面，具有一定的实用性，答案涵盖了使用提示词时提问者需要注意的多个方面，包括明确性、相关性、简洁性、逻辑性、避免引导性、考虑语境、尊重多样性以及测试与调整。答案中的建议多数都具有一定的可行性，提问者可以根据这些建议来优化自己的提问方式，提高问题的质量和效果。

2.3.2 提示词的应用

那么，提示词到底应该怎么使用呢，在具体的应用环节又有哪些要点需要我们提起注意呢，接下来我们将进入提示词的应用环节。

让提示词起到严格的限定作用

错误示范："请帮我撰写一篇关于店铺营销的文案。"这种提问方法不够具体、过于笼统，缺乏明确的提示词。这样的请求没有给出明确的文章方向、目标读者、风格要求或具体要点。

正确示范："请帮我撰写一篇关于网上服装店的营销文案，受众是追求创新消费的年轻群体，语言风格活泼通俗，内容具有吸引力和号召性，字数控制在 200 字左右。"在这个案例中，我们用到的主要提示词包括"网上服装店""年轻群体""活泼通俗"等，提示词具有简洁性、限定性，而且指明了文案的标准和方向，具有可行性，接下来我们看效果如图 2-45 所示。

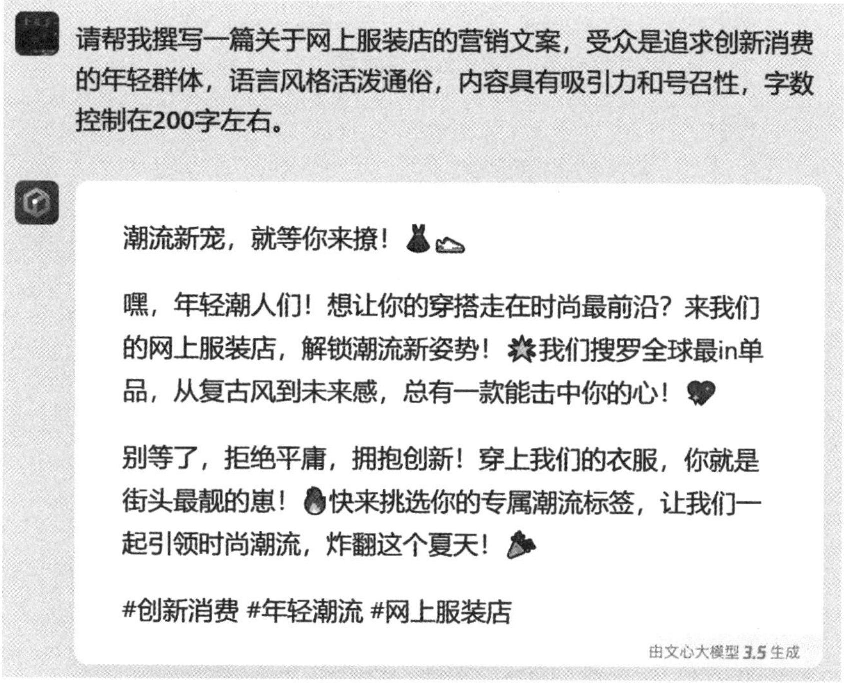

> 请帮我撰写一篇关于网上服装店的营销文案，受众是追求创新消费的年轻群体，语言风格活泼通俗，内容具有吸引力和号召性，字数控制在200字左右。

潮流新宠，就等你来撩！👗👠

嘿，年轻潮人们！想让你的穿搭走在时尚最前沿？来我们的网上服装店，解锁潮流新姿势！✨我们搜罗全球最in单品，从复古风到未来感，总有一款能击中你的心！💖

别等了，拒绝平庸，拥抱创新！穿上我们的衣服，你就是街头最靓的崽！🔥快来挑选你的专属潮流标签，让我们一起引领时尚潮流，炸翻这个夏天！🎉

#创新消费 #年轻潮流 #网上服装店

由文心大模型 3.5 生成

图 2-45 提示词（2）

错误示范："请给我推荐一份晚餐。"这种提问方法太过笼统，以至于 AI 并不了解提问者的饮食习惯、偏好，无法做到精准推荐。

正确示范："我是一名 30 岁的男性，体重 70 公斤，平常有运动习惯，喜欢吃辣，最近比较想吃肉类，请帮我推荐一顿晚餐。"这样就能得出我们想要的答案，如图 2-46 所示。

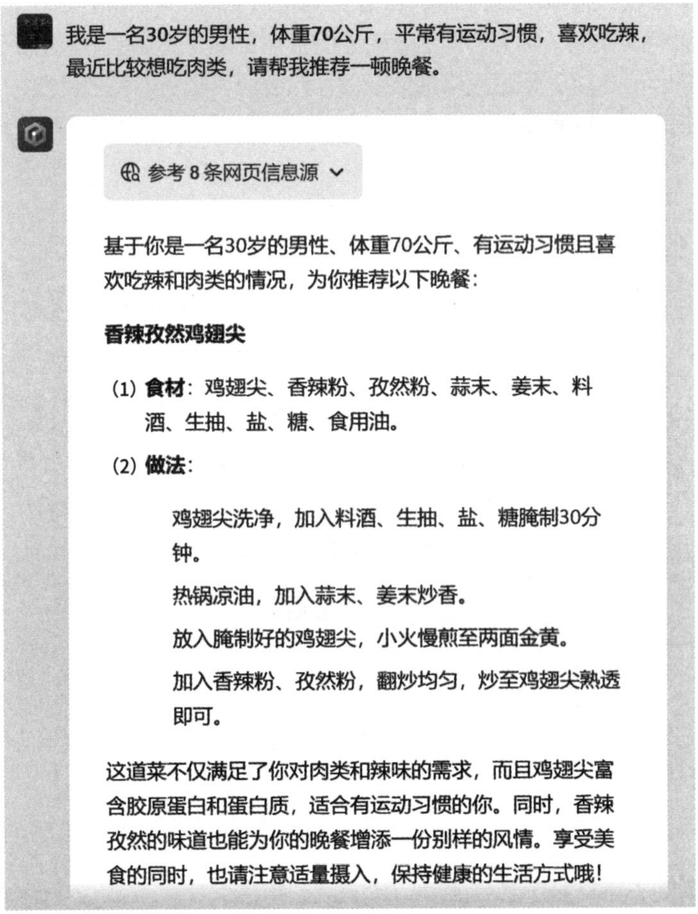

> 我是一名30岁的男性，体重70公斤，平常有运动习惯，喜欢吃辣，最近比较想吃肉类，请帮我推荐一顿晚餐。

> 参考 8 条网页信息源
>
> 基于你是一名30岁的男性、体重70公斤、有运动习惯且喜欢吃辣和肉类的情况，为你推荐以下晚餐：
>
> **香辣孜然鸡翅尖**
>
> （1）**食材**：鸡翅尖、香辣粉、孜然粉、蒜末、姜末、料酒、生抽、盐、糖、食用油。
>
> （2）**做法**：
>
> 鸡翅尖洗净，加入料酒、生抽、盐、糖腌制30分钟。
>
> 热锅凉油，加入蒜末、姜末炒香。
>
> 放入腌制好的鸡翅尖，小火慢煎至两面金黄。
>
> 加入香辣粉、孜然粉，翻炒均匀，炒至鸡翅尖熟透即可。
>
> 这道菜不仅满足了你对肉类和辣味的需求，而且鸡翅尖富含胶原蛋白和蛋白质，适合有运动习惯的你。同时，香辣孜然的味道也能为你的晚餐增添一份别样的风情。享受美食的同时，也请注意适量摄入，保持健康的生活方式哦！

图 2-46 提示词（3）

可以看出，我们在上面使用了"30 岁""70 公斤""运动习惯""吃辣""肉类"等提示词，这些提示词严格限定了人工智能给出的答案，AI 软件迅速给出结果，而且还介绍了晚餐的做法步骤，符合提问者的需求。

提供充足的参考信息

提问者与 AI 交互的过程中，要为后者提供充足的参考信息，以提高 AI 软件对于提问者意图的理解程度。提问时，附带具体的背景信息，会帮助 AI 缩减回答的范围，避免信息不足而产生的歧义或误解。

错误示范:"如何增加收入?"

正确示范:"我目前从事销售工作,主要的工作内容是利用微信朋友圈、微信公众号、微信小程序等,进行信息分发,产品推广的工作。目前主销的产品是电子产品,包括智能手机、智能手表等。每周的工作时间大约在 30 小时。请问,我应该通过哪些方式进一步提高我的收入?请简要说明。"

在正确示范的问法中,包括详细的提示词,介绍清楚了提问者的工作形式、工作内容,这让 AI 软件在充分了解问题背景的情况下,给出贴切的答案,比如建议优化内容营销,拓展客户群体,提升销售技巧等,具有一定的实际意义如图 2-47 所示。

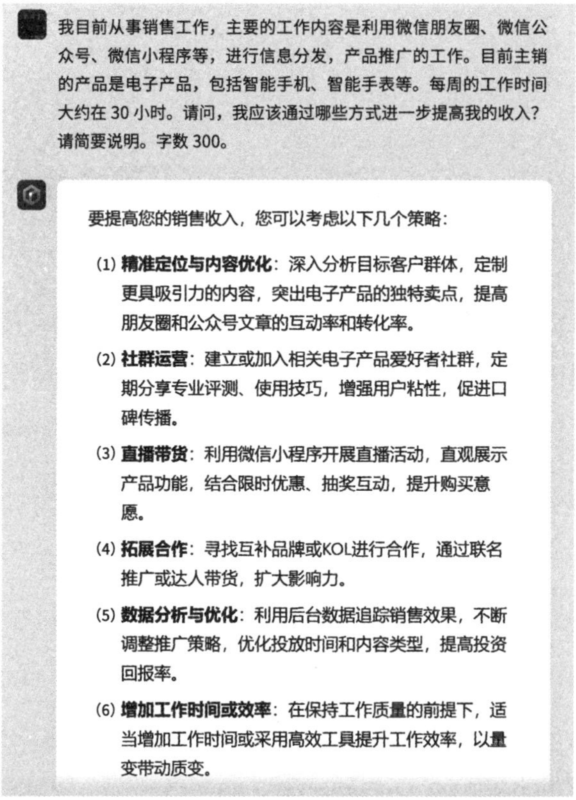

图 2-47 提示词(4)

第3章

AI营销方案策划与开展

3.1 AI 营销目标设定

如果你在进行市场营销之前并没有设定明确的目标，这就像你在准备出发旅行之前还没有找到目的地，那么又该怎么准备随行的衣物呢？所以营销目标的设定是非常重要的，在目标的引领下，才能制定正确的计划。

在市场中比较常见的营销目标多是提高产品知名度、增加市场份额、推出新产品、提高投资回报率、吸引新客户、留住老客户等。

结合 DeepSeek，能让店主在制定营销目标的时候更加游刃有余。例如，店主可以将行业发展的最新趋势、店铺的收支情况等内容发给 DeepSeek，让 DeepSeek 结合这些内容，为自己制定切实可行的营销目标。

案例一

××手作工坊是一家专注于手工制品的在线商店，提供各类手工饰品（手链、项链、耳环）、家居装饰品（手工画框、香薰蜡烛）以及个性化的礼物定制服务。我们的产品均采用环保材料制作，注重每个细节，力求为顾客带来独一无二的艺术体验。目标客户群是对个性化、高品质生活有追求的年轻人，寻找独特礼物以表达情感的人士，手工艺品爱好者及收藏者等。目前网店经营情况尚可，为了网点的长远发展，请帮我制定半年内的营销目标。

品牌知名度提升

社交媒体粉丝增长：在接下来的半年内，使品牌在主要社交媒体平台的粉丝总数增长 50%。具体分配为每月在各平台实现粉丝增长 [X] 人。

内容传播：每个月发布至少 8 条高质量的原创内容，包括产品介绍、制作过程展示、用户故事分享等，确保单条内容的平均阅读量或播放量达到 [X] 次以上，半年内总曝光量达到 [X] 次。

销售额增长

总销售额目标：半年内实现总销售额增长 30%，从当前月均销售额 [X] 元提升至月均 [X] 元。

客单价提升：通过推出套餐组合、满减优惠等活动，将客单价提高 20%，从当前平均客单价 [X] 元提升至 [X] 元。

客户群体拓展

新客户获取：吸引至少 [X] 名新客户下单购买，每月新增客户不少于 [X] 人。针对新客户制定专属的首单优惠政策，如首单 8 折、赠送小礼品等。

客户留存与复购：将客户留存率提高 15%，通过定期的会员活动、专属优惠、生日福利等，促进老客户复购，使老客户复购率达到 30% 以上。

产品与服务优化

新产品推出：每两个月至少推出 3 款新的手工制品，包括至少 1 款饰品、1 款家居装饰品和 1 款个性化定制产品，满足客户不断变化的需求。

客户满意度提升：通过完善售后服务体系，确保客户满意度达到 95% 以上，客户投诉率控制在 5% 以内。收集客户反馈，及时改进产品和服务质量。

DeepSeek 制定的营销目标覆盖多重维度，作为店主，可以选择做适合本店发展情况的目标，据此来制定针对性的发展规划。

案例二

××是一家新潮服饰、配饰店铺，网店商品兼具优雅与个性化风格，特别适合追求潮流品质的年轻人。网店商品多样，包括高级定制、日常穿搭、运动时尚等，定期推出限时折扣和会员专享活动。比如，首单折扣活动（新顾客首单享受9折优惠）；每月会员专享活动（VIP顾客每月获得专属优惠券和限量产品提前购权）。请结合该网店具体情况，制定1～2年内合理的营销目标。

品牌建设目标

品牌知名度：在1～2年内，将品牌在主流时尚平台的曝光量提升500%，使品牌相关话题阅读量/播放量累计达到5000万次。

品牌形象塑造：通过发布高质量的时尚穿搭内容、幕后制作视频等，塑造品牌独特的时尚形象，让目标受众对品牌的辨识度达到80%以上。

销售业绩目标

销售额增长：第一年实现销售额增长80%，从当前月均销售额[X]元提升至月均[1.8X]元；第二年在前一年基础上再增长100%，月均销售额达到[3.6X]元。

客单价提升：通过推出搭配套餐、满额赠礼等活动，将客单价在2年内提高50%，从当前平均客单价[X]元提升至[1.5X]元。

用户增长与留存目标

新用户获取：第一年吸引至少5万名新客户下单购买，每月新增客户不少于4200人；第二年新增客户数量在前一年基础上再增长50%，达到7.5万名。针对新用户持续优化首单折扣活动，可适时推出新用户专属赠品。

用户留存与复购：第一年将用户留存率提高 25%，通过完善会员体系、丰富会员权益，使老用户复购率达到 40% 以上；第二年留存率再提升 15%，复购率达到 50% 以上。优化每月会员专享活动，增加会员专属定制服务等特权。

产品与服务优化目标

新产品推出：每月至少推出 5 款新的服饰或配饰单品，涵盖不同风格与场景，满足用户多样化需求。

服务质量提升：确保客户满意度在 1～2 年内达到 98% 以上，投诉率控制在 2% 以内。建立快速响应的客服团队，48 小时内解决客户问题。

以上提问下，DeepSeek 为我们制定出具有一定操作性，体现了循序渐进、由量变到质变的发展思路。值得注意的是，DeepSeek 所制定的营销目标展现楚较强的精细化运营思维，在长期目标中提出了品牌建设目标等，这具有一定难度，运营者需结合自身情况来明确定位，找准发展方向。

3.2 AI 营销策略规划

营销目标制定完成之后,就要根据目标来制定营销策略规划。电商营销策略的规划是实现目标的重要方法。营销策略是网店发展所要依据的关键步骤,根据不同网店的类型,有不同的方案,比较常见的营销策略大方向有内容营销、社交媒体营销、电子邮件营销等模式。涉及具体的实践方法非常多元化。

案例一

以××手工作坊为例,可以撰写有关手工艺品历史、制作过程、保养技巧等内容的文章,吸引对这类话题感兴趣的读者,可以制作视频教程,教授简单的手工制作技巧,吸引潜在顾客尝试 DIY,从而增加他们对产品的兴趣。根据网店的具体情况,交由 AI 来规划营销策略,会达到事半功倍的效果。利用 AI 规划营销策略要注意,把营销目标表达明确,因为策略与目标是环环相扣的过程。

××手作工坊希望在半年内达到提升品牌在网络上知名度与曝光度的目标,请帮忙规划切实可行的营销策略。

社交媒体运营

多平台布局:在热门社交平台创建官方账号,统一账号名称和品牌形象,确保用户在各平台都能轻松识别。

内容发布计划:

日常分享:每周发布 3～4 条内容,包括手工艺品制作过程短视频、成品展示图片、手工艺品历史文化小知识等。

主题系列：每月推出 1~2 个主题系列内容，如"传统节日手工艺品特辑""四季主题手工艺品"等，增加内容的连贯性和吸引力。

粉丝互动：及时回复用户评论和私信，举办线上互动活动，如抽奖、问答、手工挑战等，提高粉丝活跃度和参与度。

内容创作

视频教程：制作简单易懂的手工制作视频教程，发布在抖音、B 站等视频平台，吸引潜在顾客尝试 DIY，同时在视频中巧妙融入品牌信息和产品推荐。

文章撰写：在微信公众号、知乎等平台发布有关手工艺品历史、制作过程、保养技巧等内容的文章，优化文章标题和关键词，提高搜索引擎排名，吸引自然流量。

合作推广

网红合作：与手工、生活方式类网红博主合作，邀请他们体验手工艺品并进行推广，根据不同平台特点制定合作方案，如抖音的短视频推广、小红书的图文笔记推广等。

品牌联名：与其他有一定知名度的品牌进行联名合作，推出联名款手工艺品，借助双方品牌影响力扩大曝光度。

网络广告投放

社交媒体广告：在微信、微博、抖音等平台进行精准广告投放，根据目标用户的年龄、性别、兴趣爱好等特征进行定向推广，提高广告效果。

搜索引擎广告：在百度等搜索引擎投放关键词广告，当用户搜索与手工艺品相关的关键词时，展示工坊的广告链接，增加品牌曝光机会。

数据分析与优化

数据监测：定期分析各平台的运营数据，包括粉丝增长数、内容阅读量、互动量、广告点击率等，了解用户行为和喜好。

策略优化：根据数据分析结果，调整内容创作方向、推广渠道和广告投放策略，不断优化营销策略，提高品牌知名度和曝光度。

案例二

××是一家文创商品网上店铺，自2018年创立之初，便秉持着传承与创新并重的理念，致力于将优质文化融入日常生活之中。店在该网店，消费者能够找到涵盖服饰、家居、文具、手工艺品及数字文创等多个领域的商品。请结合该网店的具体情况，制定切实可行的营销策略。

答：

精准定位与目标受众分析

市场细分：根据商品领域，将市场细分为时尚爱好者（针对服饰）、家居装饰需求者、学生及办公人群（文具）、手工艺品收藏者和数字产品用户（数字文创）。

目标受众画像：通过市场调研，确定主要目标受众为18～45岁，热爱文化、追求品质生活，具有一定消费能力的人群。

内容营销

文化故事讲述：在网店官网、社交媒体平台分享每件商品背后的文化故事，如服饰的设计灵感源于某个历史时期的服饰特点，手工艺品的传统制作工艺传承等，加深消费者对商品文化内涵的理解。

生活场景展示：拍摄不同商品在日常生活场景中的使用照片和视频，如家居文创产品布置温馨的家居环境，文具在办公、学习场景中的使用，让消费者更直观地感受商品的实用性和美观性。

社交媒体运营

微信：发布深度文化文章、新品预告、会员专属活动等，重点维护私域流量，促进用户转化。

微博：紧跟热点话题，发布文创商品相关的有趣内容，如#文创好物推荐#话题，吸引用户关注和讨论。

抖音：制作创意短视频，展示商品的特色和使用方法，利用抖音直播进行新品发布和促销活动。

小红书：分享文创商品的使用心得、搭配建议等种草内容，吸引年轻女性用户。

互动活动：定期举办线上互动活动，如"文创知识问答赢优惠券""晒出你的文创生活"摄影比赛等，提高用户参与度和粘性。

用户互动与会员体系

建立用户社区：在网店官网或社交媒体平台建立用户社区，鼓励消费者分享自己的文创生活、对商品的评价和建议，增强用户之间的互动和对品牌的归属感。

会员体系：推出会员制度，根据消费金额和频次划分会员等级，为会员提供积分兑换、专属折扣、优先购买新品等特权，提高用户忠诚度。

合作与跨界营销

与文化机构合作：与博物馆、艺术院校、文化名人等合作，推出联名文创商品，借助其文化影响力提升网店知名度和商品价值。

跨界合作：与其他不同领域的品牌进行跨界合作，如与咖啡店合作推出文创主题咖啡套餐，与书店合作举办文创商品展销活动等，拓展消费群体。

促销活动

节日促销：在重要节日和纪念日，如春节、情人节、世界读书日等，推出针对性的促销活动，如满减、折扣、赠品等。

限时抢购：定期开展限时抢购活动，制造紧迫感，促进消费者快速下单购买。

数据分析与优化

数据监测：利用网店后台数据和第三方数据分析工具，监测用户行为数据，如浏览量、转化率、客单价、用户来源等。

策略优化：根据数据分析结果，调整营销策略，如优化商品推荐算法、改进广告投放策略、调整商品定价和促销活动等，不断提升营销效果。

该营销策略符合文创网店的定位，涵盖了精准定位、受众分析、内容营销、社交媒体运营等方面。

3.3 AI 营销活动策划

营销活动和营销策略具有一定的相似性,有些人可能会把这两个名词弄混,事实上,营销策略和营销活动存在明显的区别。营销策略偏重于大方向,指明发展的趋势,结合市场风向,具有明确的指导作用。营销活动指的是一次次、一场场具体的活动,比如一场见面会,一次娱乐活动等等。利用 AI 可以完成网店营销活动的全方位策划。无论是市场研究与分析还是客户洞察,无论是内容创作于优化还是个性化营销,都会变得更加容易。

问:

××手作工坊准备开展一次营销活动,请帮忙策划。要求活动能够进一步提升商家网上店铺的知名度,并且吸引更多的潜在客户,让更多的人对传统手作工艺品产生兴趣。

答:

活动主题

"传承匠心,艺韵手作——传统手工艺品线上狂欢节"

活动时间

[具体活动时间,例如为期一周]

活动目标

提升网上店铺知名度,活动期间店铺访问量增长 [X]%。

吸引潜在客户,新增粉丝和关注者达到 [X] 人。

激发大众对传统手作工艺品的兴趣,增加手工艺品相关话题讨论热度。

活动内容

手工艺品制作直播秀：邀请工坊的手工艺人每天定时进行直播，展示手工艺品的制作过程，从原材料的挑选到成品的完成，详细讲解每一个步骤和技巧，同时分享传统手工艺品背后的文化故事和历史渊源。在直播过程中设置互动环节，如提问解答、抽奖等，奖品可以是手工艺品小样、优惠券等。

线上手工艺品展览：在网店官网和社交媒体平台开设线上展览专区，展示工坊的各类精美手工艺品，包括陶瓷、木雕、刺绣等。为每件展品配上详细的文字介绍，包括工艺特点、创作灵感、文化寓意等，让观众更深入了解手工艺品的魅力。

手作体验挑战：发起"在家做手作"线上挑战活动，鼓励用户根据工坊提供的简单手工艺品制作教程，在家尝试制作手工艺品。用户完成制作后，拍摄照片或视频发布到社交媒体平台，并带上特定话题标签和@工坊官方账号。工坊将从参与挑战的作品中评选出优秀作品，给予作者奖励，如手工艺品成品、定制礼品等。

限时折扣与满减优惠：活动期间，在网店推出限时折扣商品和满减优惠活动，如部分手工艺品享受 [X] 折优惠，满 [X] 元减 [X] 元等，刺激消费者购买。

活动推广

社交媒体推广：在微信、微博、抖音、小红书等平台提前发布活动预告海报和短视频，介绍活动内容和亮点，吸引用户关注。活动期间，实时发布活动进展、直播预告、用户作品展示等内容，增加话题热度。

合作推广：与手工类、文化类网红博主合作，邀请他们参与活动并进行推广，借助他们的影响力扩大活动传播范围。与相关文化机构、艺术院校等合作，在其官方渠道宣传活动，吸引更多目标受众。

邮件营销：向网店的老客户发送活动邮件，介绍活动内容和优惠信息，邀请他们参与活动并分享给身边的朋友。

活动评估

数据统计：活动结束后，统计店铺访问量、新增粉丝数、销售额、用户参与度等数据，评估活动效果。

用户反馈收集：通过问卷调查、评论私信等方式收集用户对活动的反馈意见，了解用户的满意度和改进建议，为后续活动提供参考。

该活动策划亮点突出，围绕提升知名度、吸引潜在客户与激发对手工艺品兴趣的目标，进行了全面细致的规划，具有较强的可行性。

3.4 AI 营销完善优化

对于网店营业人员来说，不断促使网店营销环节完善优化是非常重要的，然而个人的精力非常有限，在很多时候，完全可以依靠 AI 的帮助，完善优化营销活动。例如，网店推出某项营销活动后，并未取得预期的收益，可以请 AI 进行全面分析，并且给出优化方案。

案例

网店××手作工坊于周六晚上邀请手工艺人或设计师在网店平台上进行 DIY 手工制作直播课程，展示并教授顾客如何制作特色手工艺品。顾客可以边观看边学习，甚至可以在直播中提问互动。预期浏览量超过 10 万次，吸引潜在客户群近万人，然而并没有达到预期的目标，浏览量仅 3 万次，××手作工坊应该怎样完善优化营销活动？简要说明。

××手作工坊可从直播前期宣传推广、直播内容优化、互动形式创新以及后续跟进等方面完善优化营销活动：

（1）强化前期宣传推广

多渠道预热：提前至少一周，在微信公众号、微博、抖音、小红书等社交媒体平台发布直播预告海报、短视频，详细介绍手工艺人或设计师的背景、直播课程要制作的特色手工艺品亮点，利用各平台的热门话题标签，如 # 手工直播 ## 特色手工艺品制作 # 等，增加曝光度。同时，向网店的会员及老客户发送专属短信或邮件，提醒他们关注直播。

合作推广：与手工类、生活方式类网红博主合作，邀请他们帮忙转发直播预告，借助其粉丝基础扩大活动知晓范围。联系相关手工爱好者社群、论坛管理员，在社群内发布直播信息，吸引精准受众。

（2）优化直播内容

调整节奏：直播开始时，用更具吸引力的开场方式，如展示一些精美的成品手工艺品，快速抓住观众眼球。在制作过程中，适当简化复杂步骤的讲解，将重点放在关键技巧和独特创意上，加快整体节奏，避免观众因冗长讲解而失去耐心。

丰富内容：除了制作教学，增加更多关于手工艺品文化背景、市场价值等内容的分享，提升直播的趣味性和知识含量。例如，介绍所制作手工艺品在传统节日中的应用，或者其在当下手工艺品市场的受欢迎程度。

（3）创新互动形式

增强互动奖励：在直播中加大互动奖品的力度，设置多个抽奖环节，奖品不仅有手工艺品成品，还可增加手工工具套装、店铺大额优惠券等。对于积极提问互动的观众，额外给予小礼品奖励，提高观众参与互动的积极性。

拓展互动方式：除了常规的提问解答，增加一些创意互动环节，如让观众通过弹幕投票决定手工艺品某个环节的设计走向，或者发起"手工知识抢答"，让观众在互动中更深入了解手工制作知识。

（4）做好后续跟进

回放利用：将直播课程剪辑成精华版视频，发布在网店平台及各社交媒体平台，方便错过直播的用户观看，同时也能吸引更多新用户，进一步扩大活动影响力。

收集反馈：通过问卷、评论区留言等方式，收集观众对本次直播的反馈意见，了解他们对直播内容、互动形式、手工艺人表现等方面的评价和建议，为后续直播活动改进提供依据。

面对 AI 提出的众多方案，网店主要学会适当筛选，有些优化方案切实可行，但是也有部分方案并不完全符合实际情况。在该案例所给出的备选方案中，"强化前期推广宣传"与"优化直播内容"等方法具有很强的可行性。这时候，可以保持在同一语境中，请 AI 进一步细化流程，提出具体的措施。

问：

强化前期宣传推广，是一个不错的优化方式，请帮我拟定小红书宣传直播营销活动的文案，要求具有感染性，用语通俗活泼，字数 200。

答：

宝子们，周六晚有大事发生！××手作工坊要搞一场超惊艳的 DIY 手工制作直播课程。

工坊邀请到超厉害的手工艺人亲临直播间，现场教咱做超有特色的手工艺品！从 0 到 1，手把手带你飞，再手残都能学会。

边看边学，还有提问互动环节，有啥疑惑当场解决。上次直播效果超棒，这次据说准备了更多惊喜。

错过血亏，赶紧码住直播时间，拉上小姐妹一起来玩，说不定还能抽到精美手工艺品哦！咱周六晚不见不散~

第4章

AI 网店 LOGO 制作

4.1 网店 LOGO 的设计要点

LOGO，是"logotype"的缩写，在市场竞争日趋激烈，各产业互相内卷的现代社会中，打造一个吸睛的 LOGO，以简约优美的设计语言，彰显品牌的品质与优势，无疑对于提升品牌的知名度，树立优秀的形象具有非常重要的作用。

在互联网社会中，电商行业飞速发展，网店 LOGO 的设计传递着丰富的精神内涵，涉及美学、色彩学等诸多领域，打造一个优秀的网店 LOGO 的重要性不言而喻。LOGO 对于网点的识别和推广非常重要，通过 LOGO 的视觉传递，能够让消费者和潜在消费者直接记住网店品牌，哪怕一次记不住，最起码也能有一个初步的印象。可能有些网店主还没有真正意识到优秀店铺 LOGO 的重要性，作为店主必须要快速转变观念，把 LOGO 的制作放在重要的位置。

一个成功的 LOGO 设计，能够把比较具体的事物、事件、场景，乃至抽象的精神理念表现出来，让人们在看到 LOGO 的时候，很自然地产生联想，从而产生对于品牌的认同感。

在设计网店 LOGO 的时候，要注意这样几个要点，即引人注目、定位准确、简洁明了、创意新颖。

引人注目

打造网店 LOGO 要遵循引人注目的原则，引人注目的 LOGO 能够起到渲染 LOGO 风格，增加网点品牌吸睛程度的作用。网店主可以通过许多种方法来提高 LOGO 的吸睛程度，比如增加 LOGO 的新奇程度如图 4-1～图 4-2 所示，人是视觉动物，当人们看到那些引人注目的网店 LOGO 的时候，总会忍不住想要进去看一看，久而久之，网点的浏览量和潜在客户群就会明显增加。

图 4-1 示例 LOGO（1）　　　图 4-2 示例 LOGO（2）

定位准确

设计网店的 Logo 时，需要确保其定位准确，这不仅关乎品牌形象的传达，也是与目标客户建立情感连接的关键。一个好的 Logo 设计应该能够迅速吸引顾客的注意，并且让人一眼就能理解这个品牌的核心价值和特色。作为网店主，要深入了解目标市场和受众群体，了解他们的偏好、兴趣以及购买习惯，这样才能确保 Logo 的设计能够触动他们的心弦，引发共鸣，定位准确。

简洁明了

网店 Logo 的设计应该遵循简洁明了的原则，要争取让消费者在看到 Logo 之后立刻感觉到该店铺的风格或特点，甚至明确店铺销售范围。例如，如果网店专注于销售手工艺品，Logo 可以采用手工制作的图案或线条，给人一种温暖、个性化的感觉。这种设计不仅能让消费者一目了然地了解到店铺的主要销售内容，还能在视觉上传达出手工艺品的独特魅力和艺术价值。对于一个专注于健康食品的网店而言，Logo 可以采用绿色调，搭配植物或水果的图形，这样的设计不仅传达了产品的天然、健康属性，同时也容易引起目标消费者的共鸣，激发他们的购买欲望。简洁的设计使得 Logo 在各种应用场景下都能保持清晰可辨，无论是网站图标、社交媒体头像还是商品包装上的标识，都能有效地传达品牌信息，增强品牌的认知度。

创意新颖

在日趋激烈的竞争环境下，网店 Logo 是否具有创意、是否足够新颖，成为其能否走进消费者心里的关键评判标准。随着电商市场的不断扩张，消费者每天都会接触到大量的品牌信息，一个独特的 Logo 能够在第一时间吸引消费者的注意力，留下深刻的印象。例如，一家专注于高端定制服装的网店，可以通过设计一个融合现代与传统元素的 Logo，如将经典的服装剪影与抽象的几何图形相结合，既展现出品牌的时尚感，又突显了其定制服务的专业性和独特性。新颖的 Logo 设计还能帮助品牌在同质化严重的市场中脱颖而出。比如，在社交媒体中，一个有趣、独特且易于分享的 Logo 更容易成为话题，吸引用户主动分享和讨论，从而扩大品牌的影响力。

4.2　打造具有辨识度的网店 LOGO

利用 AI 软件设计网店 LOGO，以文心一格为例进行示范如图 4-3 所示。

图 4-3　文心一格（1）

文心一格，是百度推出的 AI 艺术和创意辅助平台，基于文心大模型，具有很强的创意创造能力，能够帮助使用者打破创新瓶颈，或者新的思路和启发。利用文心一格，进行文生图、图生图、图片编辑，可以助力网店主打造极具辨识度的网店 LOGO。

步骤一：进入主页

先点击文心一格主页左上角的"AI 创作"，将跳转至图片创作的编辑页面如图 4-4 所示。

图 4-4 步骤一

步骤二：跳转"AI 创作"

进入文心一格的"AI 创作"页面，在图 4-5 中，红色框内的部分，对于将要创作的 LOGO 图案起到非常重要的影响。通过编辑文字，选择画面类型，调整画面比例与创作数量，可以在很大程度上决定即将创作出的 LOGO 图像。根据自己的需要，在红色框中填入相应的内容即可，重点在于提示词的应用与风格类型的选择如图 4-5 所示。

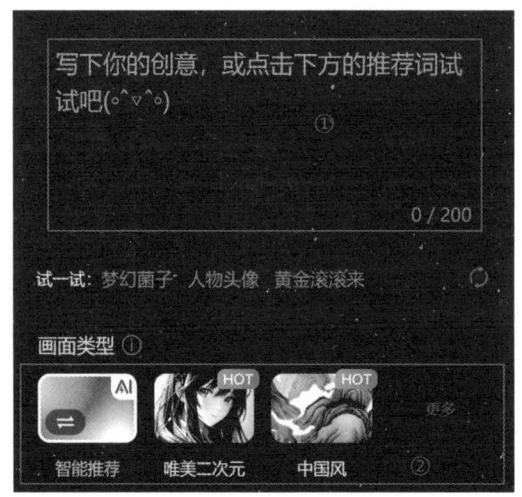

图 4-5 步骤二

步骤三：文生图

进入文生图阶段，尝试在文字区域输入"画：口红网店 LOG 图标设计，外包装盒子，细腻，光泽"，画面类型选择"智能推荐"，AI 软件快速生成了四张口红相关的 LOGO 图像，总体上符合提示词的要求，如果不满意，可以进行再次生图如图 4-6 所示。

图 4-6 步骤三

步骤四：优化图像

尝试对生成的图像结果进行优化。举例来说，假如我们想要获得更加简约、干练的风格，可以尝试修改提示词为"简约""素雅""艺术"等。在优化图像时，提示词的输入要注意几个要点如图 4-7 ～图 4-8 所示。

画：口红网店LOGO图标设计，外包装盒子，简约，素雅，清新风格

31 / 200　清空

图 4-7 步骤四（1）

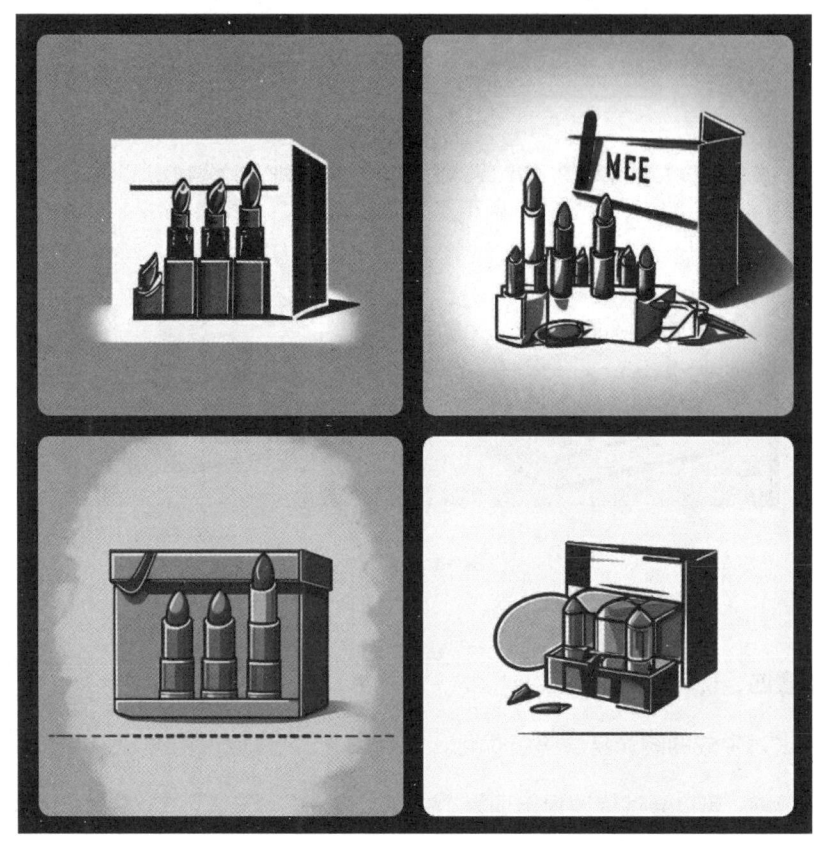

图 4-8 步骤四（2）

4.3 网店 LOGO 设计案例集锦

案例一：民宿官网 LOGO

民宿是指利用当地闲置资源，民宿主人参与接待，为游客提供体验当地自然、文化与生产生活方式的小型住宿设施。民宿本身的设计理念就是返璞归真，希望通过亲近自然的设计，带给住客一种回归自然，获得内心宁静的感受。以走近自然、回归本真为核心的原野型民宿。

民宿 LOGO 设计应该充分彰显自然的味道，提示词选择"自然""绿色""清新""简约"如图 4-9 所示。

图 4-9 民宿 LOGO（1）

AI 软件生成了四张绿意盎然的 LOGO，比较符合自然风民宿的特点。但是如果仔细观察，可以发现这几个 LOGO 的设计过于烦琐，如今 LOGO 更加追求扁平化和简约化，过于烦琐的 LOGO 反而不利于吸引潜在消费者，对此，可以请 AI 软件进行再加工如图 4-10 所示。

图 4-10 民宿 LOGO（2）

可以看出，经过再加工，AI 软件生成的民宿 LOGO 已经非常接近我们的要求了，简约风格，绿色系，尤其是右上角的 LOGO 最为贴切。只不过在 LOGO 中的房子下面的绿色倒三角形显得有点突兀，接下来单独对这一 LOGO 进行最后的完善和优化如图 4-11 所示。

图 4-11 民宿 LOGO（3）

将光标指针移动至图片的"去编辑"处,随后出现一个竖框,根据自己的需求对 LOGO 进行最终的加工完善即可。例如,点击"涂抹编辑"如图 4-12 所示,将该倒三角形进行涂抹,输入"涂抹处画一个树根"。

图 4-12 民宿 LOGO(4)

最终,得出最为理想的民宿 LOGO。该 LOGO 设计简洁得体如图 4-13 所示,中心位置显示出民宿的特性,又彰显了自然与民宿的结合意趣,颇具特色。

图 4-13 民宿 LOGO(5)

案例二：美妆店 LOGO

在准备制作电商美妆店 LOGO 之前，可以利用 AI 软件预先生成一段关于美妆店的介绍，以此作为灵感来源，寻找充分的提示词。当然，AI 生成的介绍语言仅作为参考，如图 4-14 所示。

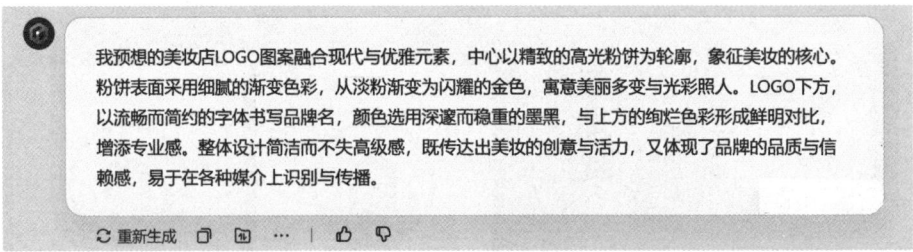

图 4-14 美妆店 LOGO（1）

在这段话中，有一些词汇能够为我们设计 LOGO 提供充分的灵感，比如"优雅时尚元素"如图 4-15 所示，以唇膏作为设计核心等。

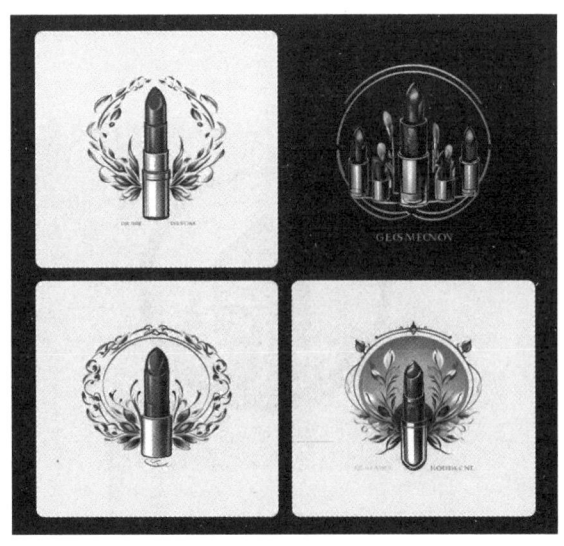

图 4-15 美妆店 LOGO（2）

这几张图基本符合提示词的要求，以唇膏为中心，并且周围有金色的花瓣作为映衬环绕起来，但是如果仔细看，会发现右上角的图案存在一些纰漏，图案中的设计与常规图案相悖。这是因为，AI 软件的生成具有一定的随机性，大数据的处理可能会有一些难以避免的误差，所以偶尔会有一些图片并非我们所愿，出现这种情况后，将不符合要求的图片剔除即可。接下来以右下角的 LOGO 作为参考图进行优化如图 4-16 所示。

图 4-16 美妆店 LOGO（3）

点击图片中"作为参考图"选项,依此来继续优化美妆店 LOGO 如图 4-17 所示。

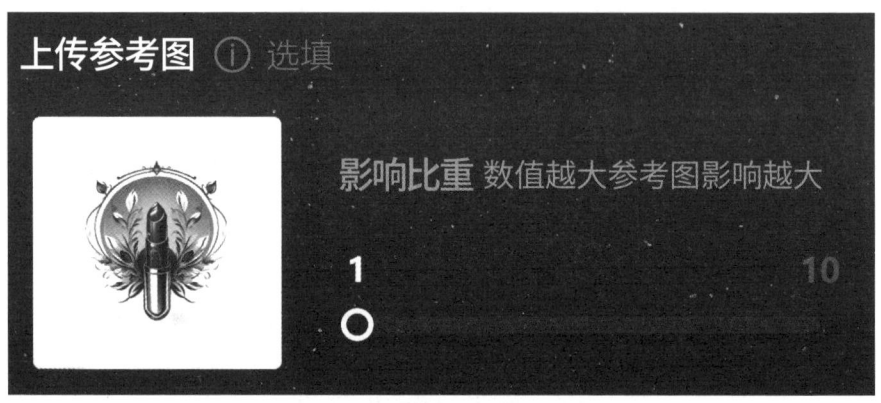

图 4-17 美妆店 LOGO(4)

在这里,可以选择参考图的影响比重,数值为 1～10,数值越大,参考图所占据的比重越大,反之,则参考图所占据的比重越小。将比重设置为 6,来看一下效果如图 4-18 所示。

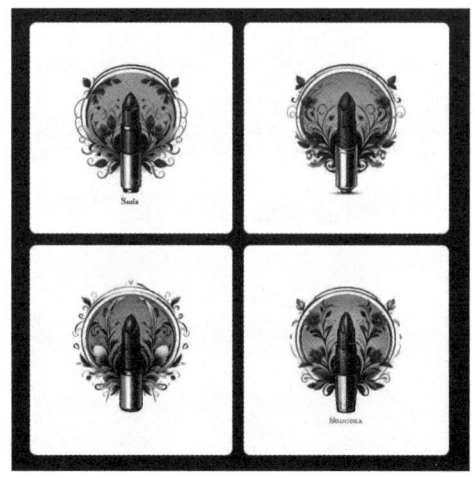

图 4-18 美妆店 LOGO(5)

生成的几张 LOGO 都比较符合预想的效果如图 4-19 所示，均可作为候选，提问者可以根据自己的喜好来选取。

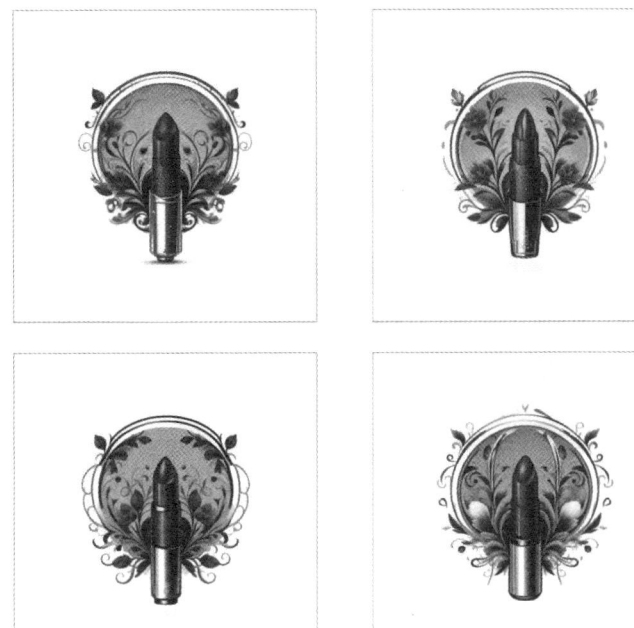

图 4-19 美妆店 LOGO（6）

案例三：烘焙店 LOGO

如今烘焙店的发展呈现非常火热的态势，尤其是在一、二线大城市中，喜欢吃烘焙产品的中青年群体非常多。在这样的趋势下，烘焙产品在网络电商平台也有很广阔的发展前景。在设计烘焙店 LOGO 时，最需要考虑的就是精致感。为什么要首先考虑精致感呢？事实上烘焙产品和人们平日所吃的米面馒头没有本质上的不同，究其本质，都是用粮食做成的一种主食，但是经过烘焙店的加工，却能卖出较高的价格。本质就在于烘焙店掌握了人们追求幸福感和小资感的特点，人们获得后会有幸福感，这就是烘焙店的妙招，所以要把这种感觉通过 LOGO 体现出来。因此，利用 AI 软件设计烘焙店的 LOGO 时，提示词最好包含"幸福感""小资""氛围感"等如图 4-20 所示。

图 4-20 烘焙店 LOGO（1）

挑选其中一个最心仪的 LOGO 作为参考图如图 4-21 所示，并可进一步提出要求如图 4-22 所示。

图 4-21 烘焙店 LOGO（2）以此图作为参考图

图 4-22 烘焙店 LOGO（3）

以上生成的 LOGO 虽然基本符合提示词，但是 LOGO 中的要素有点多，进一步优化，输入"烘焙糕点网店 LOGO 设计，甜蜜，氛围，小资，幸福感，简约，LOGO 小巧而精致。"得到如图 4-23 所示的图片。

图 4-23 烘焙店 LOGO（4）

案例四：水果店 LOGO

利用 AI 软件设计水果店 LOGO，输入"画：水果店 LOGO，切开的橙子，清新简约，亮色系，可口动人。"生成的图片基本符合要求如图 4-24 所示，但是不太符合清新简约的感觉，选择一副参考图，进一步加工并选择合适的图片如图 4-25～图 4-26 所示。

图 4-24 水果店 LOGO（1）

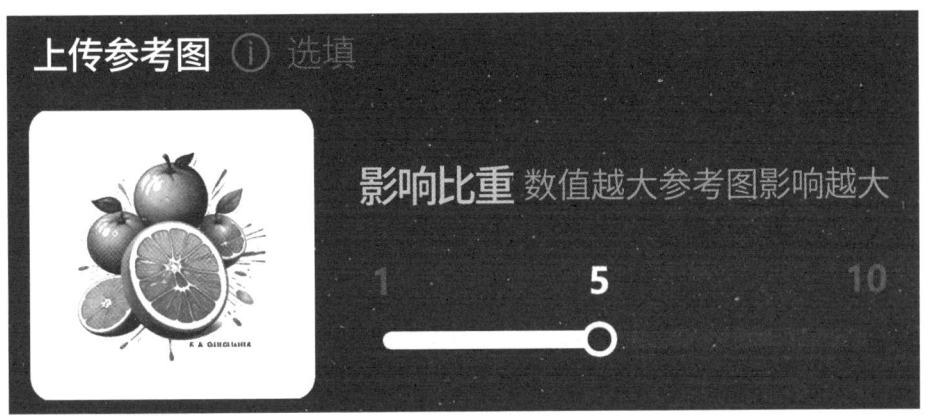

图 4-25 水果店 LOGO（2）

图 4-26 水果店 LOGO（3）

第5章

如何生成吸睛的电商宣传文案

5.1 电商文案的重要性及特点

电商文案，作为电子商务领域中的一种专门的文本内容，是推广和销售产品的关键工具。在数字化和网络化日益发达的今天，电商文案的作用越来越被重视。文案不仅仅是商品描述的简单堆砌，而是一种能够激发消费者购买欲望、传递商品价值和品牌文化的有力表达。

简单来说，电商文案是电子商务平台上，为了促进商品销售而创作的一种文本材料。这些文本材料一般包括商品的描述、广告语、促销信息和品牌故事等。电商文案通过精确而吸引人的语言来影响潜在客户的购买决策，是连接消费者与产品的桥梁。

电商文案的撰写是一种策略性的内容创作，旨在通过各种文案技巧提升用户体验和购买转化率。好的电商文案能够清晰地传达产品的功能和优势，同时激发读者的情感共鸣，引导其产生购买行为。电商文案的重要性在于其直接影响到电商活动的成效。一方面，优秀的文案能够有效吸引消费者的注意力，增强商品的吸引力，从而提高点击率和转化率。另一方面，文案也是品牌塑造和文化传播的重要手段。通过文案，企业可以传递其品牌理念和文化，建立与消费者之间的情感连接。

电商文案的主要特点包括：目标明确、语言精练、情感丰富和创意吸睛。目标明确，指文案内容要围绕销售目标进行编写，每一句话都应该服务于最终的销售转化。语言精练，指文案避免冗长的描述，每个词都要精准有效地传递信息。情感丰富，指电商文案要能触动人心，通过故事化或情感化的元素，使消费者产生共鸣。创意吸睛,指优秀的电商文案具有一定的创意度和新颖度,过于传统守旧的文案难以引起人们的关注,在流量时代,只有能够吸睛,才能吸引大量的潜在消费者,为网店增加关注度和销售量。

电商文案不仅是商品信息的传达,更是一种艺术的表达。掌握电商文案的撰写技巧,对于任何电商平台或电商参与者来说,都是至关重要的。

5.2 AI 生成电商宣传文案基本流程

温馨提示：利用 AI 软件生成电商宣传文案具有很强的便捷性，但是由于 AI 软件只是语言模型训练的产物，并不具备自我意识，所生成的内容可能并不是使用者所期望的，所以还需要进行进一步修改和优化，从而提高内容的准确性。

AI 生成电商文案的基本流程通常包括以下几个关键步骤。

第一步：利用 AI 生成电商宣传文案的第一步是明确文案目标。这一步为后续的文案创作提供了方向。简单来说，提问者要清晰地定义文案想要达到的效果和目的。如果目标是推广某个具体的商品，文案需要突出该商品的独特卖点、功能优势以及为何值得消费者购买。若目标在于增强品牌曝光度和认知度，文案则应侧重于品牌故事、品牌理念或品牌形象的塑造，以吸引潜在客户的关注。如果目的是直接促进销售，文案需要具有强烈的号召性，通过限时优惠、促销信息或用户评价等方式激发客户的购买欲望。有时候，文案的目标可能是与消费者建立情感上的联系，通过讲述故事、传达情感或共鸣点来加深消费者对品牌的印象和好感。明确文案目标后，可以更有针对性地收集产品信息、提取关键词、设定主题，并选择合适的 AI 工具进行文案生成。

第二步：利用 AI 生成电商宣传文案的第二步是收集产品信息。当网店主人明确文案目标后，要充分收集产品信息，为之后撰写和加工文案做好万全的准备。比如，了解产品的名称、型号、规格等信息；分析产品的优势和特点；收集用户对于产品的看法，了解产品的口碑评价；充分调研，了解竞争者及其产品的情况，做好针对性营销等。

第三步：利用 AI 生成电商宣传文案的第三步是确定营销关键词。任何产品都有自己专属的特点，网店主人要了解自己的产品，并总结归纳出精准的关键词，将这些词汇作为日后营销所要围绕的中心或关键。

第四步：利用 AI 生成电商宣传文案的第四步是选择合适的 AI 工具。网店主人要根据自己的需求，以及自己产品的具体情况，来选择 AI 营销文案的生成工具。近两年来，大批的 AI 软件企业如雨后春笋般蓬勃发展起来，网店主人要找到适合自己的 AI 工具，不同的 AI 软件侧重点不同，有些更侧重于文案生成，有些更侧重于图片生成。

第五步：利用 AI 生成电商宣传文案的第五步是 AI 操作的正式步骤。这一阶段是生成电商宣传文案的关键步骤，此前，无论是数据收集、市场分析、目标受众定位，还是创意构思与策略规划，都为这一关键时刻奠定了坚实的基础。这时 AI 系统开始发挥其强大的数据处理与模式识别能力，将前期积累的信息深度融合，通过复杂的算法模型，精准捕捉商品的核心卖点与消费者的潜在需求。在这一阶段，电商主人要利用 AI 快速生成多个版本的文案草稿，而且每个版本都力求独特、富有吸引力，能够直击人心。要使文案既符合品牌调性，又贴近潮流趋势，有效提升文案的共鸣力与转化率。更重要的是，AI 能够根据预设的 KPI 指标（点击率、转化率等）对生成的文案进行智能评估与优化，通过不断迭代，筛选出最优方案。

第六步：利用 AI 生成电商宣传文案的第六步是人工检查与润色。尽管 AI 技术已经高度发达，能够迅速生成大量文案，但人类独有的情感理解、语言敏感度以及对品牌调性的精准把握，是 AI 难以完全替代的。因此，网店主人有必要对已经生成的文案内容进行把关，做好检查与润色工作。人工检查的主要任务是确保文案内容的准确性、合规性，以及产品本身与目标受众的契合度，包括对商品信息的核实、语法错误的修正、敏感词汇的规避等方面。同时，要通过调整句子结构、选用更生动的词汇、融入创意元素或情感共鸣点，润色后的文案能够更有效地触达消费者的内心，激发他们的购买欲望。此外，根据品牌调性进行个性化调整，也是润色过程中的重要一环，旨在使文案与品牌形象保持高度一致。

☀鲜花网店××

店铺名称：××

成立时间：2022年5月

创始人：李××，一位热爱自然与艺术的青年设计师，曾在北京一家知名花艺公司担任首席设计师多年，积累了丰富的行业经验和人脉资源。出于对鲜花的热爱以及对美好生活的追求，他决定创立自己的品牌。

店铺特色：与国内外多个顶级花卉供应商合作，确保每一朵花都是最新鲜、最美丽的。提供一对一咨询服务，根据客户需求量身打造独一无二的花艺作品。结合传统美学与现代艺术，不断探索新的设计风格，满足不同客户群体的需求。建立了完善的配送网络，支持全国范围内次日达服务，确保鲜花及时、安全地送达客户手中。采用环保材料进行包装，减少对环境的影响；同时，定期举办公益活动，倡导绿色生活方式。

步骤一

在对话框中，输入鲜花网店的基本信息，请AI软件生成一个大致的宣传文案内容如图5-1所示。

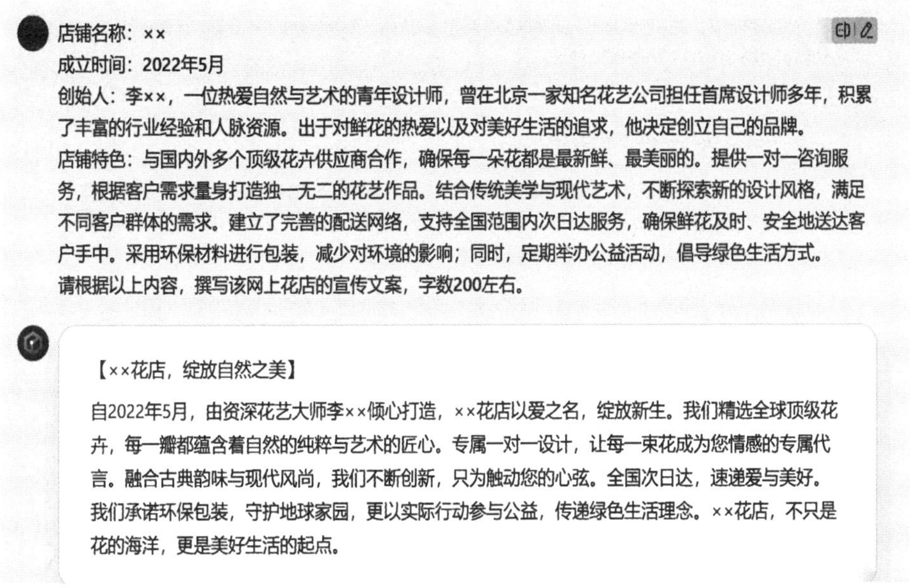

> **店铺名称**：××
> **成立时间**：2022年5月
> **创始人**：李××，一位热爱自然与艺术的青年设计师，曾在北京一家知名花艺公司担任首席设计师多年，积累了丰富的行业经验和人脉资源。出于对鲜花的热爱以及对美好生活的追求，他决定创立自己的品牌。
> **店铺特色**：与国内外多个顶级花卉供应商合作，确保每一朵花都是最新鲜、最美丽的。提供一对一咨询服务，根据客户需求量身打造独一无二的花艺作品。结合传统美学与现代艺术，不断探索新的设计风格，满足不同客户群体的需求。建立了完善的配送网络，支持全国范围内次日达服务，确保鲜花及时、安全地送达客户手中。采用环保材料进行包装，减少对环境的影响；同时，定期举办公益活动，倡导绿色生活方式。
> 请根据以上内容，撰写该网上花店的宣传文案，字数200左右。

> 【××花店，绽放自然之美】
> 自2022年5月，由资深花艺大师李××倾心打造，××花店以爱之名，绽放新生。我们精选全球顶级花卉，每一瓣都蕴含着自然的纯粹与艺术的匠心。专属一对一设计，让每一束花成为您情感的专属代言。融合古典韵味与现代风尚，我们不断创新，只为触动您的心弦。全国次日达，速递爱与美好。我们承诺环保包装，守护地球家园，更以实际行动参与公益，传递绿色生活理念。××花店，不只是花的海洋，更是美好生活的起点。

图 5-1 鲜花网店宣传文案（1）

步骤二

AI 软件根据案例鲜花店铺的基本信息，生成了简洁明晰的宣传文案，文案言辞得当，流畅自然，但是如果仔细来看，文案的内容稍显空洞，内容性和吸引性不强。这时候就要通过合适的提示词来进行修正如图 5-2 所示。

图 5-2 鲜花网店宣传文案（2）

向 AI 输入"宣传文案稍显空洞，请进行润色和丰富，让文案更具吸引力，比如，你可以描绘一个场景，让顾客通过文字感受本店鲜花所能带给人的氛围感和松弛感。"其中重要的提示词如"润色""描绘一个场景""氛围感""松弛感"等，让 AI 所生成的宣传文案有了明显的变化，对于潜在客户有了更强的吸引力。

步骤三

利用 AI 软件，分别设计适合于不同应用程序的宣传文案，如小红书宣传文案、朋友圈宣传文案等如图 5-3 所示。

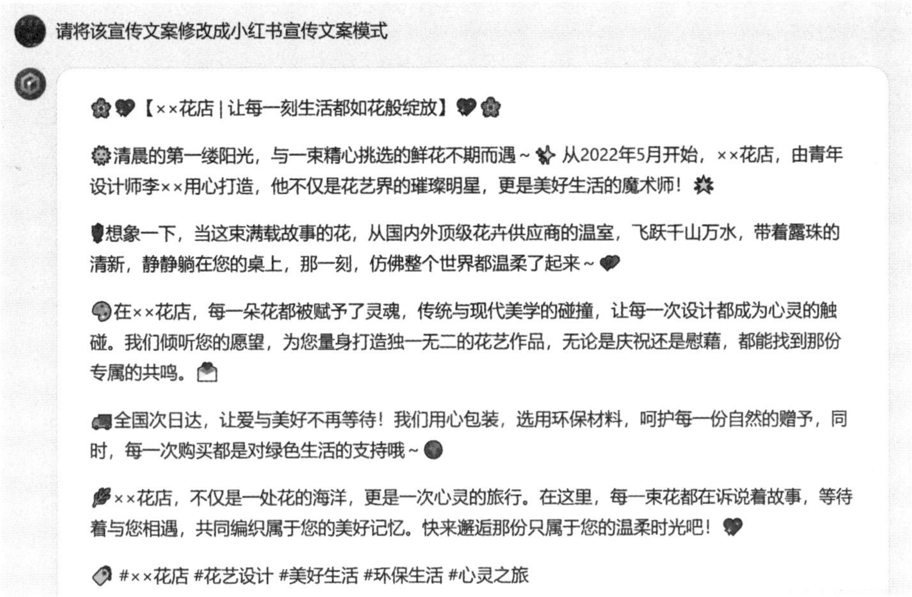

> 请将该宣传文案修改成小红书宣传文案模式

🌸💖【××花店|让每一刻生活都如花般绽放】💖🌸

🌼清晨的第一缕阳光,与一束精心挑选的鲜花不期而遇~🌿 从2022年5月开始,××花店,由青年设计师李××用心打造,他不仅是花艺界的璀璨明星,更是美好生活的魔术师!✨

🌷想象一下,当这束满载故事的花,从国内外顶级花卉供应商的温室,飞跃千山万水,带着露珠的清新,静静躺在您的桌上,那一刻,仿佛整个世界都温柔了起来~💗

🌏在××花店,每一朵花都被赋予了灵魂,传统与现代美学的碰撞,让每一次设计都成为心灵的触碰。我们倾听您的愿望,为您量身打造独一无二的花艺作品,无论是庆祝还是慰藉,都能找到那份专属的共鸣。📩

🚚全国次日达,让爱与美好不再等待!我们用心包装,选用环保材料,呵护每一份自然的赠予,同时,每一次购买都是对绿色生活的支持哦~🌱

🍃××花店,不仅是一处花的海洋,更是一次心灵的旅行。在这里,每一束花都在诉说着故事,等待着与您相遇,共同编织属于您的美好记忆。快来邂逅那份只属于您的温柔时光吧!💗

🏷 #××花店 #花艺设计 #美好生活 #环保生活 #心灵之旅

图 5-3 鲜花网店宣传文案(3)

☀️潮牌服装网店

店铺名称:××

成立时间:2021 年 9 月

创始人:张 ××

店铺特色:与世界各地的独立设计师和艺术家合作,引进国际前沿的设计理念和技术,确保每一件商品都具有独特的风格和高品质。提供在线定制平台,顾客可以根据个人喜好选择面料、颜色、图案等元素,打造独一无二的潮流单品。在保留经典街头元素的基础上,融入中国传统美学和文化符号,创造出既有国际范儿又不失本土特色的潮流服饰。

步骤一

在对话框中,输入潮牌网店的基本信息,请 AI 软件生成一个大致的宣传文案内容如图 5-4 所示。

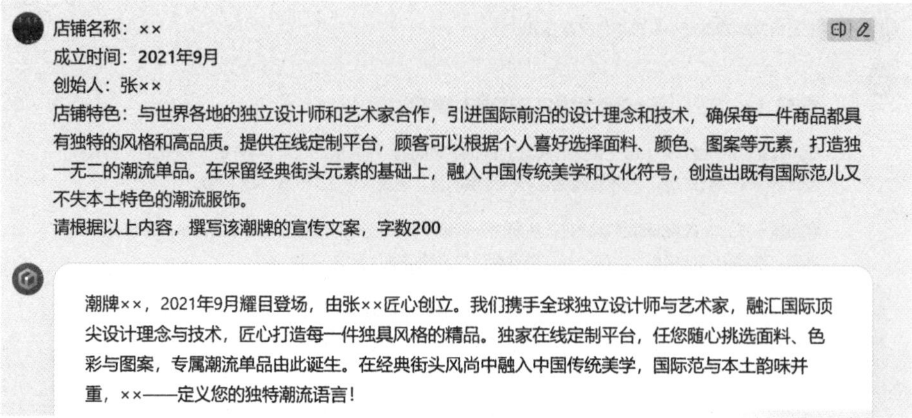

> 店铺名称：××
> 成立时间：2021年9月
> 创始人：张××
> 店铺特色：与世界各地的独立设计师和艺术家合作，引进国际前沿的设计理念和技术，确保每一件商品都具有独特的风格和高品质。提供在线定制平台，顾客可以根据个人喜好选择面料、颜色、图案等元素，打造独一无二的潮流单品。在保留经典街头元素的基础上，融入中国传统美学和文化符号，创造出既有国际范儿又不失本土特色的潮流服饰。
> 请根据以上内容，撰写该潮牌的宣传文案，字数200
>
> 潮牌××，2021年9月耀目登场，由张××匠心创立。我们携手全球独立设计师与艺术家，融汇国际顶尖设计理念与技术，匠心打造每一件独具风格的精品。独家在线定制平台，任您随心挑选面料、色彩与图案，专属潮流单品由此诞生。在经典街头风尚中融入中国传统美学，国际范与本土韵味并重，××——定义您的独特潮流语言！

图 5-4 潮牌网店宣传文案（1）

步骤二

利用 AI 软件，结合适当的提示词，优化完善宣传文案。在对话框中输入提示词"吸引力""时尚""前卫""个性"等，AI 给出的答案发生明显的变化，内容性更强，更能够抓住年轻消费群体的眼球如图 5-5 所示。

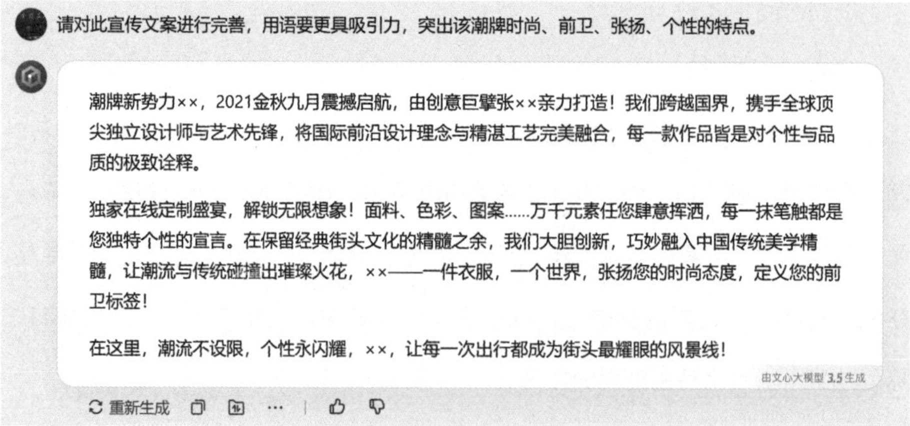

> 请对此宣传文案进行完善，用语要更具吸引力，突出该潮牌时尚、前卫、张扬、个性的特点。
>
> 潮牌新势力××，2021金秋九月震撼启航，由创意巨擘张××亲力打造！我们跨越国界，携手全球顶尖独立设计师与艺术先锋，将国际前沿设计理念与精湛工艺完美融合，每一款作品皆是对个性与品质的极致诠释。
>
> 独家在线定制盛宴，解锁无限想象！面料、色彩、图案……万千元素任您肆意挥洒，每一抹笔触都是您独特个性的宣言。在保留经典街头文化的精髓之余，我们大胆创新，巧妙融入中国传统美学精髓，让潮流与传统碰撞出璀璨火花，××——一件衣服，一个世界，张扬您的时尚态度，定义您的前卫标签！
>
> 在这里，潮流不设限，个性永闪耀，××，让每一次出行都成为街头最耀眼的风景线！

图 5-5 潮牌网店宣传文案（2）

步骤三

将潮牌网店宣传文案转化为适合在朋友圈发布的文案内容如图 5-6 所示。

> 将潮牌网店宣传文案转化为适合在朋友圈发布的文案内容。
>
> 🔥【潮爆新宠××，定义你的不凡风尚！】🔥
>
> 🚀2021金秋，潮流界的黑马××震撼上线！由潮流大师张××匠心策划，每一款都是国际前沿设计与中国传统美学的激情碰撞！🎨
>
> 💥独家定制，拒绝撞衫！面料、色彩、图案…万千选择，只为你独一无二的时尚宣言！✏️在线设计，轻松打造专属潮流单品，让每一次亮相都成为街头最耀眼的存在！✨
>
> 📌在××，潮流不设限，个性永闪耀！保留经典街头韵味，融入东方美学精髓，让每一件衣物都成为你独特风格的代言！👗🎐
>
> 🎉加入我们，和张××一起，让时尚不再只是跟随，而是引领！让××，成为你朋友圈里最潮的标签！🏷️
>
> #××潮牌 #独家定制 #时尚宣言 #个性潮流 #东方美学

图 5-6 潮牌网店宣传文案（3）

☀ 日化用品网店

步骤一

在对话框中，输入自己的要求，请 AI 软件生成一个大致的宣传文案内容如图 5-7 所示。

> 请撰写日化用品网点宣传文案，要求拒绝形式，内容为王，可以适当一个消费者的例子吸引眼球，字数200。
>
> 【生活美学，触手可及 —— 您的私人日化小筑】
> 厌倦了市面上千篇一律的日化用品？来我们的网店，发现不一样的精致生活！李女士，一位都市白领，自从邂逅我们的天然植物洗发水，不仅告别了化学残留的烦恼，秀发还重焕自然光泽，仿佛每根发丝都在诉说着自然的故事。从洁面乳到身体乳，每一件商品都是对生活品质的坚持。加入我们，让每一次沐浴、每一次护理，都成为一场关于美好的仪式。

图 5-7 日化用品网店宣传文案（1）

步骤二

对 AI 软件进行连续提问,输入修正语言,让 AI 软件的答复更贴合实际,容易激发潜在用户的消费欲望如图 5-8 所示。

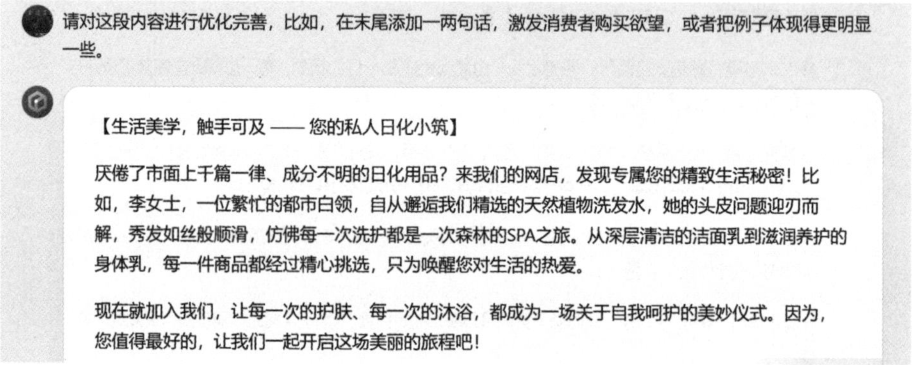

> 请对这段内容进行优化完善,比如,在末尾添加一两句话,激发消费者购买欲望,或者把例子体现得更明显一些。

> 【生活美学,触手可及 —— 您的私人日化小筑】
>
> 厌倦了市面上千篇一律、成分不明的日化用品?来我们的网店,发现专属您的精致生活秘密!比如,李女士,一位繁忙的都市白领,自从邂逅我们精选的天然植物洗发水,她的头皮问题迎刃而解,秀发如丝般顺滑,仿佛每一次洗护都是一次森林的SPA之旅。从深层清洁的洁面乳到滋润养护的身体乳,每一件商品都经过精心挑选,只为唤醒您对生活的热爱。
>
> 现在就加入我们,让每一次的护肤、每一次的沐浴,都成为一场关于自我呵护的美妙仪式。因为,您值得最好的,让我们一起开启这场美丽的旅程吧!

图 5-8 日化用品网店宣传文案(2)

5.3 AI 生成电商文案的技巧

AI 生成电商文案的技巧掌握，让优质答案触手可及在电商领域，文案是吸引消费者的重要工具。而 AI 生成电商文案，更是将创意与效率完美结合。但想要获得更优质的答案，就需要掌握一些技巧。比如，对于年轻人，语言风格可以更加时尚、活泼；而对于中老年人，则更注重产品的实用性和性价比。适当明确产品特点与卖点。AI 需要深入挖掘产品的独特之处，并将其转化为吸引人的文案。就像我们在日化用品网店中，强调天然植物洗发水的滋养效果，让消费者一眼就能看到产品的亮点。运用生动的例子和场景描述也是提升文案质量的有效方法。通过描述消费者使用产品后的真实感受，让文案更加具有说服力和感染力。

掌握这些技巧，AI 就能更准确地捕捉消费者的心理，生成出更具吸引力和转化率的电商文案，让使用者轻松获得更优质的答案。

给出一段内容，模仿写作风格

AI 软件能够模仿各种平台或者坐着的写作风格，使用者在输入提示词的时候，可以明确告知 AI 软件，想要的特征，最好是把目标风格的内容直接发给 AI 软件，在大数据分析的作用下，AI 软件可以快速转变用于口吻，将使用者所预期的写作风格体现得淋漓尽致。

在对话框中输入自己想要的内容，并且严格界定语言风格如图 5-9 所示，或者是直接把相似风格发送给 AI 软件如图 5-10 所示。

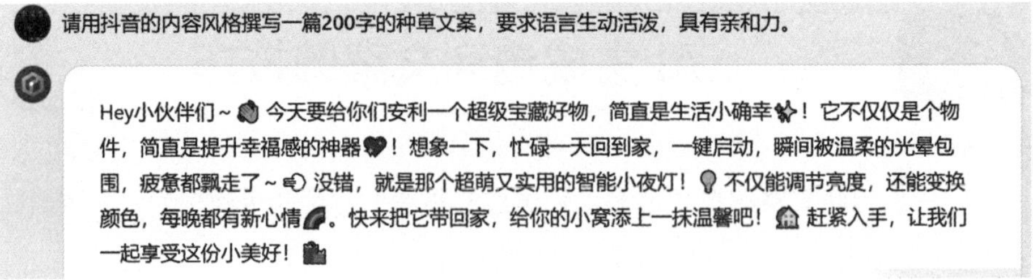

> 请用抖音的内容风格撰写一篇200字的种草文案，要求语言生动活泼，具有亲和力。

> Hey小伙伴们~ 🌟 今天要给你们安利一个超级宝藏好物，简直是生活小确幸✨！它不仅仅是个物件，简直是提升幸福感的神器💖！想象一下，忙碌一天回到家，一键启动，瞬间被温柔的光晕包围，疲惫都飘走了~🔊 没错，就是那个超萌又实用的智能小夜灯！💡 不仅能调节亮度，还能变换颜色，每晚都有新心情🌈。快来把它带回家，给你的小窝添上一抹温馨吧！🏠 赶紧入手，让我们一起享受这份小美好！📦

图5-9 模仿写作风格（1）

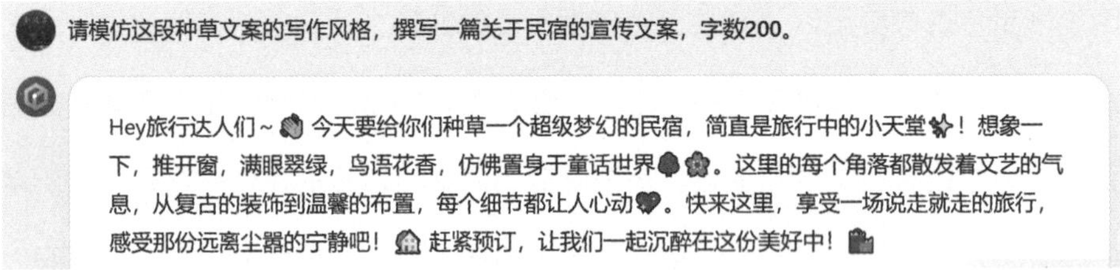

> 请模仿这段种草文案的写作风格，撰写一篇关于民宿的宣传文案，字数200。

> Hey旅行达人们~ 🌟 今天要给你们种草一个超级梦幻的民宿，简直是旅行中的小天堂✨！想象一下，推开窗，满眼翠绿，鸟语花香，仿佛置身于童话世界🍃🌸。这里的每个角落都散发着文艺的气息，从复古的装饰到温馨的布置，每个细节都让人心动💖。快来这里，享受一场说走就走的旅行，感受那份远离尘嚣的宁静吧！🏠 赶紧预订，让我们一起沉醉在这份美好中！📦

图5-10 模仿写作风格（2）

通过提供参考内容，AI软件模仿了使用者预期的写作风格，给出亮眼的效果。在撰写这篇民宿宣传文案时，AI软件注重语言的生动性和亲和力，同时融入了产品的特点和优势，力求让读者感受到民宿的魅力和独特之处。通过描绘田园风光、舒适温馨的居住环境以及周边丰富的游玩项目，能够激发读者的兴趣和好奇心，引导他们进一步了解和预订这家民宿。

假定一个身份，模拟真实情境

为AI软件撰写宣传文案时，拟定一个身份可以使其更加精准地把握文案风格和语气，进而提高文案的有效性和吸引力。

身份设定有助于AI在撰写文案时避免机械式的内容输出，转而将焦点放在市场趋势分析、消费者需求洞察以及品牌差异化竞争等方面，从而使文案具有更强的说服力和实用性。例如，AI可以通过模拟一个营销顾问与客户的对话场景，详细解答客户的疑问，提出针对性的解决方案，并结合市场数据进行有效的案例分析如图 5-11 所示。这种写作风格不仅能够赢得潜在客户的信任，也能够让文案在展现品牌专业性的同时，贴近客户的实际需求等。

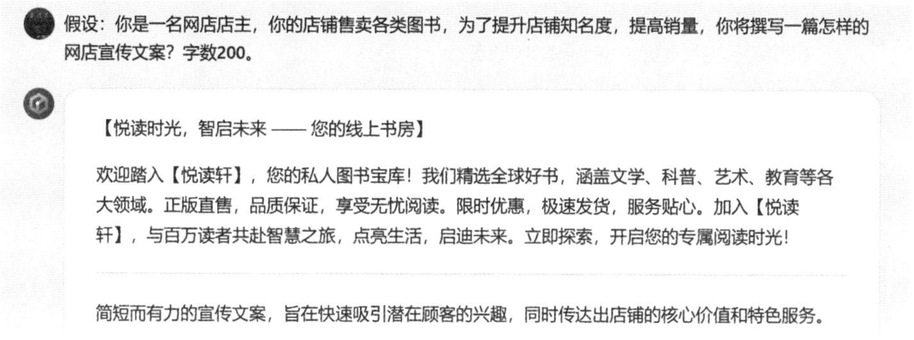

> 假设：你是一名网店店主，你的店铺售卖各类图书，为了提升店铺知名度，提高销量，你将撰写一篇怎样的网店宣传文案？字数200。
>
> 【悦读时光，智启未来 —— 您的线上书房】
>
> 欢迎踏入【悦读轩】，您的私人图书宝库！我们精选全球好书，涵盖文学、科普、艺术、教育等各大领域。正版直售，品质保证，享受无忧阅读。限时优惠，极速发货，服务贴心。加入【悦读轩】，与百万读者共赴智慧之旅，点亮生活，启迪未来。立即探索，开启您的专属阅读时光！
>
> 简短而有力的宣传文案，旨在快速吸引潜在顾客的兴趣，同时传达出店铺的核心价值和特色服务。

图 5-11 模拟真实情境（1）

为 AI 假定身份后，软件在这个假定的身份下快速为提问者提供答案，这段文字非常符合身份定位，开篇语气亲和，接着，转向对书籍的描述，最后作出呼吁，期待更多的阅读者来网店选购，能够在一定程度上唤起潜在消费者的情感共鸣。

在模拟真实情境后，针对提问者的问题，AI 软件给出关于"电商广告设计教程：打造深度引流的视觉要素"的讲解，从广告设计的角度探讨了在电商平台中，如何通过视觉要素实现广告的引流效果如图 5-12 所示。

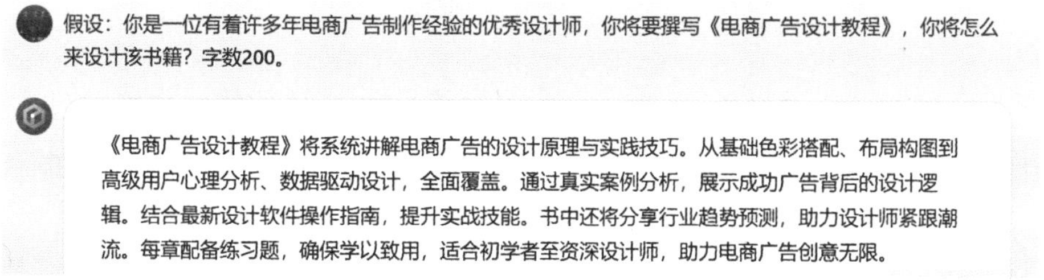

> 假设：你是一位有着许多年电商广告制作经验的优秀设计师，你将要撰写《电商广告设计教程》，你将怎么来设计该书籍？字数200。
>
> 《电商广告设计教程》将系统讲解电商广告的设计原理与实践技巧。从基础色彩搭配、布局构图到高级用户心理分析、数据驱动设计，全面覆盖。通过真实案例分析，展示成功广告背后的设计逻辑。结合最新设计软件操作指南，提升实战技能。书中还将分享行业趋势预测，助力设计师紧跟潮流。每章配备练习题，确保学以致用，适合初学者至资深设计师，助力电商广告创意无限。

图 5-12 模拟真实情境（2）

假定 AI 软件的身份是一名优秀的广告设计师，AI 软件在这个情境下，为我们提供了一篇烘焙店的宣传文案，题目为"甜蜜烘焙，幸福滋味——探索您的味蕾天堂"如图 5-13 ～图 5-14 所示。

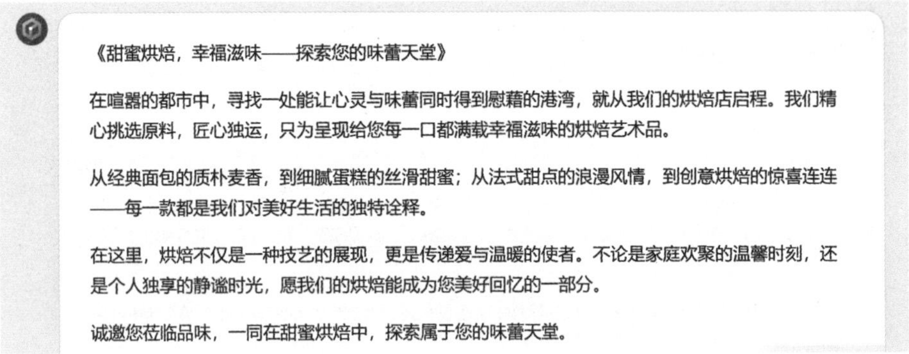

> 《甜蜜烘焙，幸福滋味——探索您的味蕾天堂》
>
> 在喧嚣的都市中，寻找一处能让心灵与味蕾同时得到慰藉的港湾，就从我们的烘焙店启程。我们精心挑选原料，匠心独运，只为呈现给您每一口都满载幸福滋味的烘焙艺术品。
>
> 从经典面包的质朴麦香，到细腻蛋糕的丝滑甜蜜；从法式甜点的浪漫风情，到创意烘焙的惊喜连连——每一款都是我们对美好生活的独特诠释。
>
> 在这里，烘焙不仅是一种技艺的展现，更是传递爱与温暖的使者。不论是家庭欢聚的温馨时刻，还是个人独享的静谧时光，愿我们的烘焙能成为您美好回忆的一部分。
>
> 诚邀您莅临品味，一同在甜蜜烘焙中，探索属于您的味蕾天堂。

图 5-13 模拟真实情境（3）

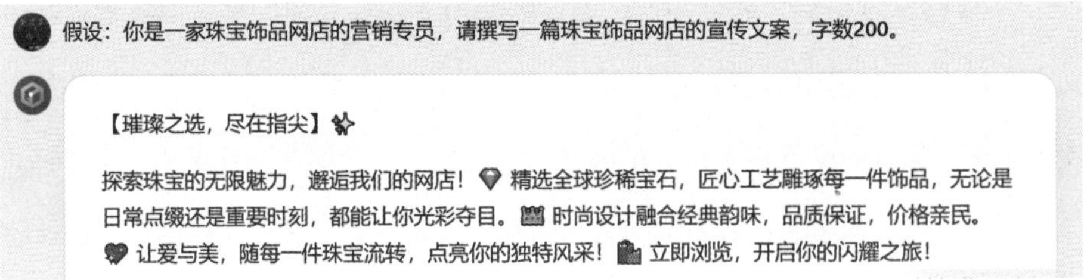

> 假设：你是一家珠宝饰品网店的营销专员，请撰写一篇珠宝饰品网店的宣传文案，字数200。
>
> 【璀璨之选，尽在指尖】✨
> 探索珠宝的无限魅力，邂逅我们的网店！💎 精选全球珍稀宝石，匠心工艺雕琢每一件饰品，无论是日常点缀还是重要时刻，都能让你光彩夺目。👑 时尚设计融合经典韵味，品质保证，价格亲民。💖 让爱与美，随每一件珠宝流转，点亮你的独特风采！🛒 立即浏览，开启你的闪耀之旅！

图 5-14 模拟真实情境（4）

结合以上的内容来看，当我们给 AI 软件赋予一个身份，将它带入一个比较真实的情境之后，它能够 100%"信任"自己的身份，切实以这种身份和我们产生问答与互动，这样一来，AI 所提供的答案便非常真实可贵，具有很强的现实参考价值。所以，为其设定一个身份是非常重要的一种技巧。

第6章

AI 电商海报的创意设计

6.1 了解电商海报设计

什么是海报

海报是一种具有高度视觉冲击力的宣传工具，广泛应用于广告、商业、文化等多个领域，具有显著的广告宣传性和商业性。作为一种传播媒介，海报不仅承载着丰富的信息内容，还通过精心设计的视觉元素，吸引受众的目光，引发人们的兴趣和思考。它以其直观、简洁和富有艺术性的特点，在日常生活中无处不在，尤其是在商业和文化领域扮演着重要的角色。海报的广告宣传性尤为突出。

作为一种传播信息的工具，海报往往借助美术设计与图文结合的形式，以更具吸引力的方式传递信息。无论是在商场、街道、车站，还是校园、剧院，海报都以醒目的形式出现在人们的视野中。它们通过色彩、构图、字体等设计元素迅速抓住人们的注意力，从而实现广告宣传的效果。例如，企业通过发布广告宣传海报，提升品牌的知名度；个人或组织通过海报，推广活动、发布信息，广泛吸引公众的参与和关注。海报具有很强的商业性。海报往往服务于商业目的。演出、展览、商品促销等各类活动的前期宣传，都离不开海报的支持。演出类海报是其中的典型代表，通过对演出内容、演员阵容、演出时间等信息的精心展示，海报吸引了观众的兴趣，从而促进票房销售。而这些商业性质的海报，其最终目的在于推动活动的成功，带来经济效益。当然，尽管大部分海报具有商业目的，仍有部分学术类海报主要用于信息传播而非营利目的，然而这并不影响海报作为广告工具的重要性。

海报作为一种广告宣传工具，具有高度的灵活性和广泛的应用范围。无论是商业广告还是文化宣传，海报都通过视觉设计和简洁明了的语言，直击目标受众，达到传播信息的目的。在现代社会中，海报已经成为日常生活的一部分，承载着传播广告、文化、信息的功能，在众多领域发挥着不可替代的作用。

电商海报

电商海报，是网店向外界传播自身信息，拓宽认知渠道，打出品牌效应的重要手段和方式。通过合理有效的电商海报设计，网店店主能够全面准确地彰显网店的营销信息，引导消费者进行消费活动，即便有些消费者没有立马下单，也会对网店有一个初步的印象，这让潜在消费者提高了日后的消费可能。

电商海报能够帮助网店迅速建立品牌认知。在电商平台上，网店数量庞大，消费者面对的选择丰富多样。在这种激烈的竞争环境下，如何在众多店铺中脱颖而出成为商家们最为关注的问题。而一张设计得当的电商海报，可以在短时间内抓住消费者的眼球，通过独特的色彩搭配、精美的图片和引人注目的文案，使消费者对品牌产生深刻的第一印象。无论是新品上架的推广，还是大促活动的宣传，电商海报都能够通过视觉冲击力让消费者迅速关注到商家，从而提升品牌的知名度和市场竞争力。

电商海报是传递产品和促销信息的有效途径。通过简洁、直观的设计，电商海报可以精准传达产品的核心卖点，让消费者在几秒钟内了解产品的特点和优势。例如，一张关于促销活动的海报，可以清晰地展示折扣信息、活动时间和参与方式，激发消费者的购物欲望。同时，电商海报的设计通常会配合平台的用户体验，使其更具互动性。消费者不仅能通过海报了解信息，还可以通过点击链接直接跳转到购买页面，大大提高了购物的便捷性和转化率。电商海报还具备强大的吸引潜在消费者的能力。即使消费者在看到海报时并未立即下单，海报所传递的信息依然能够在消费者心中留下印象。特别是在节假日促销、季节性活动或新品发布期间，商家往往通过系列海报的持续曝光，增强消费者的记忆度。每一次海报的展示，都是一次品牌与消费者之间的互动，通过不断强化品牌形象和产品信息，逐步将潜在消费者转化为实际的购买者。这种营销方式不仅能够提升短期的销售业绩，还能够为网店积累长期的客户资源，扩大市场影响力。

6.2 电商海报 AI 设计步骤指南

☀ **AI 电商海报设计效果展示**

图 6-1～图 6-3 是 AI 电商海报设计效果展示。

图 6-1 海报套组效果（1）

海报主体："一枝晶莹剔透的茶花"

海报背景："清爽朦胧的雪山"

图 6-2 海报套组效果（2）

海报主体："一位钢琴演奏家"

海报背景："蓝天白云与优美的海岸线"

图 6-3 海报套组效果（3）

海报主体："毛茸茸的可爱小猫咪"

海报背景："寒冷冬季的原始森林，超高清细节，迷雾"

利用 AI 软件（文心一格）进行电商海报设计，功能丰富，进入主页面后，我们除了可以选择"海报"之外，还能选择"商品图""艺术字"等选项，这样就能获得更丰富的海报样板，以供选择。

☀ 海报

步骤一

海报生成选项，更加倾向于内容丰富，色彩鲜艳的图片生成，该模式应用场景比较广泛，具体的操作步骤如下所示。

打开文心一格主页面，点击"AI 创作"，左键单击"海报"，之后画面将会跳转到海报页面如图 6-4 所示。

图 6-4 海报生成（1）

点击"海报",画面将会跳转,与之相配套的可选内容也会有所变化,如图6-5所示。

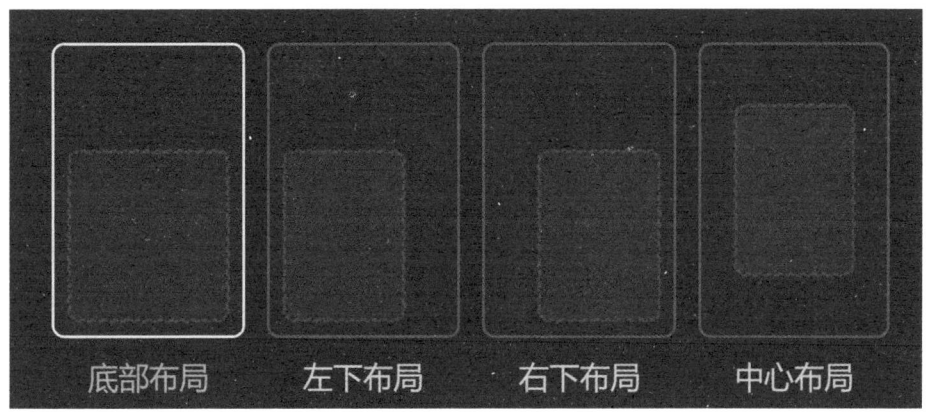

图6-5 海报生成(2)

海报页面和之前的推荐页面差别很大,右侧的选项变得更加丰富,能够满足海报设计的多种需求。主要包括"排版布局""海报风格""海报主体""海报背景""数量"等选项。其中最重要的是"海报主体"和"海报背景",在这两个对话框中所输入的内容和提示词,能够在极大程度上影响即将生成的海报风格和内容,而其他选项主要是对海报格式的影响。

步骤二

依此调整右侧的选项,选择"竖版9:16""底部布局""平面插画",海报主体输入"几件家电摆放在屋子里",海报背景输入"屋子里布置简洁,色调柔和",数量选择"4",让我们看看AI软件将会生成怎样的海报作品如图6-6所示。

图 6-6 海报生成(3)

步骤三

选取其中任意一张图片，作为参考图，让 AI 软件根据参考图对海报进行优化如图 6-7 所示。

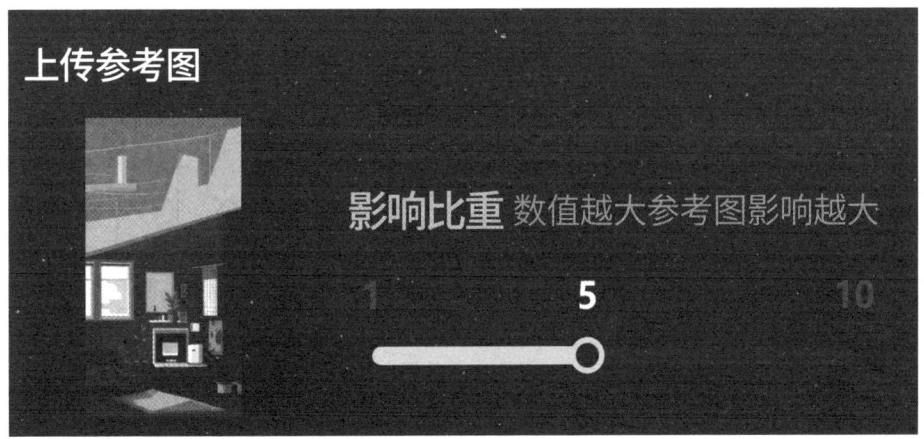

图 6-7 海报生成（4）

选择第一张图作为参考图，然后进行自定义，AI 画师选择"具象"，参考图比重选择"2"，尺寸选择"9:16（适用海报）"，如图 6-8 和图 6-9 所示。

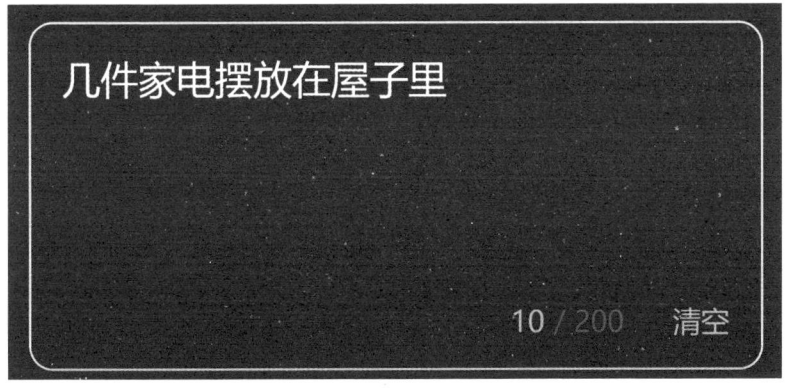

图 6-8 海报生成（5）

图 6-9 海报生成(6)

经过以上步骤，我们得到了更加优质的家具家电宣传海报图片，图片的质感相比于最初的版本有所优化，具有更强的实用性。如果设计者对于画面不满意，还能够继续重复步骤三，对海报不断优化，不断完善，最终获得自己理想的作品。

☀ 商品图

商品图，主体更加明显，通过调整各个要素选项，可以让商品主体的形状、色彩，以及它所处的空间位置发生变化，营造不同的氛围感。

步骤三

点击"商品图"，跳转至商品图编辑界面。商品图界面支持点击或拖拽图片上传，支持 PNG、JPG，10 M 以内或从我的作品或模板库中选择。还能够选择推荐模板，或者自定义生成模板，通过创意提示词，打造个性化的图片作品。

可做备选的推荐模板非常丰富，比如"简约白""简约灰""简约黑""唯美雪景""阳光草地""湖边原木""检阅石台""山顶岩石""山涧溪水"等。

"简约白"模板适合打造清新、简约、时尚的环境氛围。

"简约灰"模板适合打造素雅、大方、庄重的环境氛围。

"简约黑"模板适合打造沉稳、神秘、严肃的环境氛围。

"唯美雪景""阳光草地"模板浪漫清爽，十分亮眼。

"湖边原木""山涧溪水"模板诗意盎然，极具情趣。

当然，除了这些现成的备选模板如图 6-10 所示之外，使用者还可以根据自己的喜好自定义生成商品图的背景模板。点击"推荐模板"右侧的"自定义生成"，画面会跳转至自定义页面，在创意描述对话框填写场景描述即可。例如："冬季景观的雪地上，唯美摄影，极具现实主义""大理石地板上，极简主义，优雅"，等等。

图 6-10 模板图

步骤二

根据自己的喜好，选取其中一款模板，如"简约白"，并上传一张商品例图：香水，如图 6-11 所示，点击立即生成如图 6-12 所示。

图 6-11 商品例图

第 6 章 AI 电商海报的创意设计

图 6-12 生成产品例图

这样一来,商品例图直接被呈现在简约白风格的背景上,风格简约,造型自然。

☀ 艺术字

相比于海报和商品图烦琐的制作流程,艺术字的设计显得简单一些,所涉及的选项和各类要素也相对少一些。

步骤一

进入艺术字界面如图 6-13 所示,供使用者输入或选择的有字符,"字体布局""字体创意""影响比重""比例""数量"等。

最重要的部分就是字符的输入,字体布局,以及字体创意部分,这三大项在很大的程度上决定了使用者将生成的文字内容、大小,以及艺术风格如图 6-14 所示。

图 6-13 艺术字界面

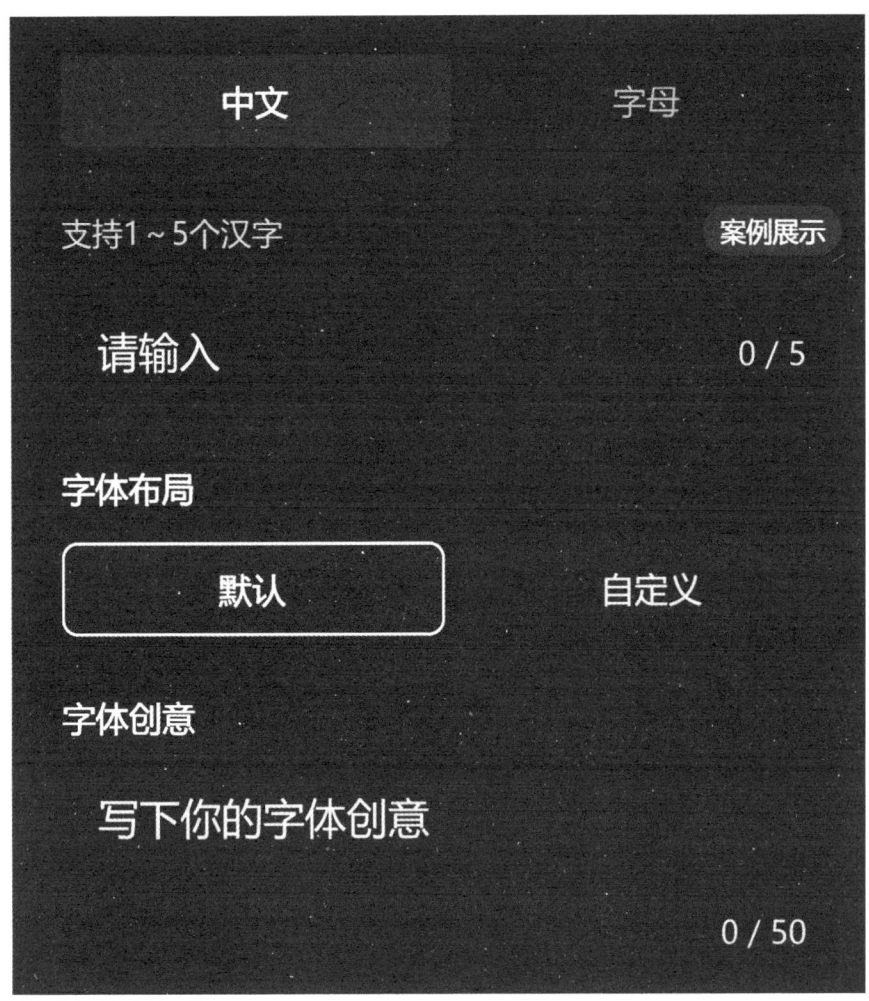

图 6-14 艺术字界面要素

步骤二

在对话框中填写内容,并且选择各可选项,定制艺术字规格形式。

步骤三

选取其中最满意的一幅图作为参考图,进行优化和完善。必要的情况下,将选填项目填写完整,让即将生成的图艺术字有更多的限定,更倾向自己所想要获得的结果。

6.3 电商海报 AI 设计进阶技巧

在数字营销日益繁荣的今天,电商海报作为品牌与消费者沟通的重要桥梁,其设计质量直接影响着产品的吸引力和市场的响应度。

仅仅掌握基础操作还远远不够,要想在激烈的市场竞争中脱颖而出,电商设计师们必须深入探索 AI 设计的进阶技巧。

文心一格还有 AI 编辑功能,能够让使用者在完成基本的制作后,结合编辑功能进行"深加工",让图片效果锦上添花,这属于电商海报 AI 设计的进阶技巧。

点开文心一格的主页面,会看到左上角"AI 创作"的旁边有"AI 编辑"的选项,左键单击,就进入了"AI 编辑"的页面如图 6-15 所示。

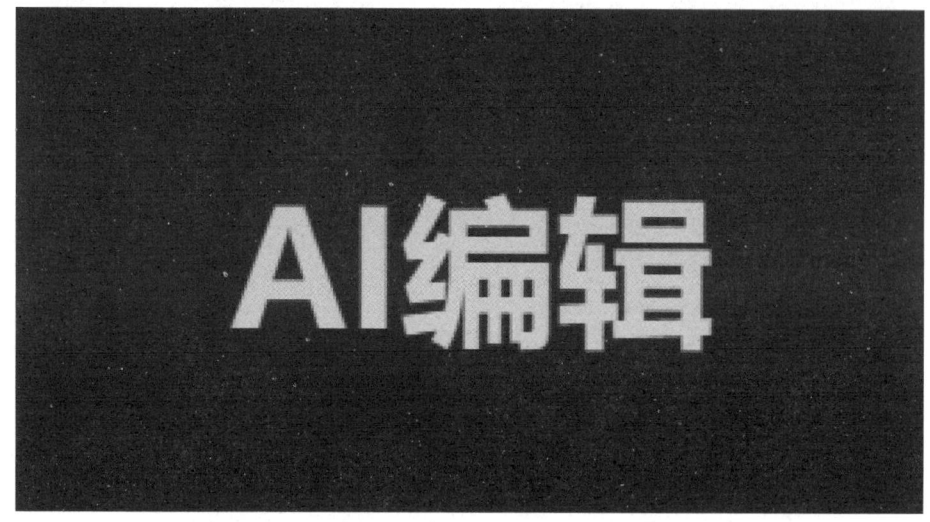

图 6-15 AI 编辑页面

进行 AI 编辑之前,要先把已经制作出的图片上传,点击页面右侧的"上传图片",浏览图片位置,选取上文生成的海报上传即可。上传本地图片,如图 6-16 选择完毕后,点击"确定"。

图 6-16 上传完毕

上传图片完毕后,把目光放在左侧的选项栏。我们可以看到左侧的选项栏有"图片扩展""图片变高清""涂抹消除""智能抠图""涂抹编辑""图片叠加"等多种功能。

图片扩展

点击图片扩展选项,可以在左侧选择扩展方式,包括"四周""向左""向右""向上""向下""变方图"等操作。点击"向左",查看效果如图 6-17、图 6-18 所示。

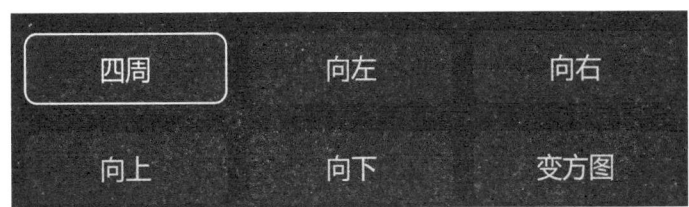

图 6-17 图片扩展

图 6-18 图片产生效果

可以看到,海报中的主体香水瓶已经发生了"挪动",这能够很直接地改变已经生成的海报构图内容。

图片变高清

图片变高清功能,可以选择将图片变为高清、超高清、自定义等格式,并显示预计效果如图 6-19 所示。

上传香水海报,点击高清,查看效果如图 6-20 所示。

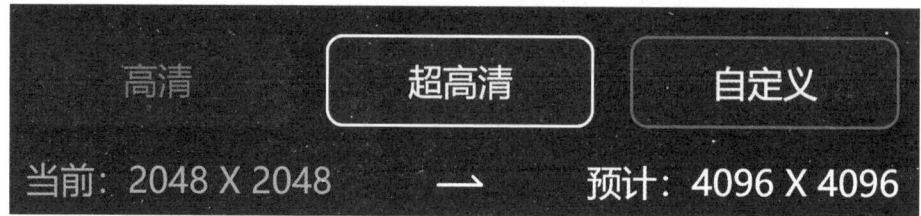

图 6-19 图片变高清

第 6 章　AI 电商海报的创意设计

图 6-20　高清

涂抹消除

　　文心一格的涂抹消除功能，简而言之就是允许用户对图片中不满意或需要修改的部分进行涂抹，然后 AI 系统会自动识别并处理这些区域，最终生成一张经过优化和修正的图片。这个功能在很大程度上类似于传统的图像处理软件中的"橡皮擦"或"修复画笔"工具，但与之相比，文心一格的涂抹消除功能更加智能高效。在使用涂抹消除功能时，用户只需用鼠标或触控笔在图片上轻轻一抹，AI 系统就能迅速识别出需要消除或修改的区域。然后，系统会根据图片的整体风格和细节特征，自动进行修复和填充，使得修改后的图片看起来更加自然和协调。除了基本的涂抹消除功能外，用户还可以点击其他编辑选项，如涂抹编辑和图片叠加等。涂抹编辑允许用户在涂抹区域的基础上进行局部 AI 生成，从而创造出更加丰富的视觉效果如图 6-21、图 6-22 所示。

图 6-21 涂抹消除

图 6-22 涂抹消除效果图

智能抠图

文心一格具有智能抠图如图 6-23 所示的作用。用户可以通过简单的操作，实现图片的自动抠图处理。

图 6-23 智能抠图

上传图片后，文心一格会自动进行抠图处理。抠图完成后，用户还可以对图片进行进一步的编辑和调整。例如，可以调整抠图区域的边缘、添加或删除某些部分等，以达到更完美的效果。

在使用文心一格的智能抠图功能时，要注意以下几点。图片质量：上传的图片质量会直接影响抠图效果。因此，建议用户选择清晰度较高、背景较为简单的图片进行抠图处理。版权问题：在使用抠图功能时，用户需要确保所上传的图片不侵犯他人的版权。否则，可能会面临法律纠纷或侵权责任。

智能抠图，可以选择保留选区和扣除选区，使用者根据自己的喜好进行取舍。

涂抹编辑

涂抹编辑，用户可以对希望修改的区域进行涂抹，算法将对涂抹区域按照指令自动重新绘制，可用于图像修复和图像修改，使用者在对话框输入适当的限制词即可如图 6-24 所示。

图 6-24 涂抹编辑

6.4 电商海报 AI 设计集锦

案例一

创意描述：写实风格，自然的光线，时尚的红色帽子，柔和色彩，等距视图如图 6-25 所示。

图 6-25 案例一

案例一海报的设计充满简约与时尚感，鲜艳的红色礼帽与背景的对比非常鲜明，让帽子成为视觉焦点。光与影的对比增强了帽子的轮廓感，进一步突出它的设计细节。

案例二

创意描述：写实风格，透镜光晕，亚克力质感，柔和色彩，等距视图，仰视视角，漂亮的风衣如图 6-26 所示。

图 6-26 案例二

案例二海报的设计极具未来感和梦幻色彩，结合光影、材质和场景设计，营造出强烈的视觉冲击。海报采用透明感十足的冰蓝色系，制造出晶莹剔透的质感，进一步增强了产品的前卫感。

案例三

创意描述：写实风格海报，柔和光纤，烘焙店的面包制品，冒着热气，等距视图如图 6-27 所示。

图 6-27 案例三

案例三海报的设计成功展示了面包产品的丰富层次。各海报的背景采用了柔和色调，与面包的金黄色形成了和谐的对比。面包表皮的质感比较细腻，重叠效果增强面包切片的多层结构，总体来说，海报设计颇具创意，尤其是右下角的海报，利用动态元素强化烘焙过程的"新鲜出炉"感，具有一定的吸引力。

案例四

创意描述：写实风格海报，轮廓光，彩色玻璃工艺，互补色，等距视图，平视视角，珠宝店饰品如图 6-28 所示。

图 6-28 案例四

这张海报的设计将珠宝的奢华感与色彩的视觉冲击力相结合，展现精美首饰的高贵品质。海报的色彩运用、光影处理以及对材质刻画具有一定的艺术感与现代感，适合用于珠宝品牌的推广展示。

案例五

创意描述：写实风格海报，冷光，液态金属，莫兰迪色调，等距视图，广角镜头，时尚的太阳镜如图 6-29 所示。

图 6-29 案例五

案例六

创意描述：包豪斯，写实风格，侧光，磨砂玻璃，Blender，互补色，等距视图，仰视视角，高档的茶具如图 6-30 所示。

图 6-30 案例六

第 7 章

AI 电商视频广告制作

7.1 电商视频广告制作的要点

本章的内容是 AI 电商视频广告制作，在讲解制作步骤，以及展示作品之前，有必要对电商视频广告的相关内容进行简要介绍，有利于使用者对视频制作有更全面和宏观的把握，从而帮助他们利用 AI 软件做出更加优秀的作品。

电商视频广告作为现代数字营销的重要形式之一，已经在电商平台的发展中扮演了至关重要的角色。随着互联网技术的进步以及消费方式的转变，电商平台不仅是商品交易的场所，也成了广告传播的核心阵地。视频广告的出现，尤其是在电商平台的应用，极大提升了品牌的曝光率和产品的销售转化率，使得这种广告形式在营销界迅速兴起。

电商视频广告的兴起伴随着用户消费行为的转变。随着智能手机的普及，移动端成为人们获取信息和购物的主要平台。电商平台借助短视频平台的流量红利，推动了视频广告的兴盛。

电商视频广告的独特之处在于其互动性和灵活性。与传统的静态广告相比，视频广告能更好地调动用户的情感，引发共鸣。许多电商平台通过嵌入式视频广告，允许用户直接点击视频中的商品链接，直接跳转到商品详情页进行购买。这种广告形式的直接性大大缩短了消费者从兴趣产生到购买决策的路径，提升了广告的转化率。电商视频广告的内容形式多样，可以根据不同的用户需求和场景进行定制。常见的电商视频广告包括产品介绍、使用指南、客户评价、开箱体验等多种形式。这些视频内容通过简洁、直观的方式，将商品的特点、优势以及使用方法传达给潜在消费者。通过场景化的展示，视频广告能够帮助用户更好地理解产品的使用场景，并增强对商品的认同感。

值得注意的是，随着社交媒体和短视频平台的崛起，社交电商视频广告发展非常迅速。越来越多的电商平台开始与短视频平台合作，通过网红达人或内容创作者发布植入广告，借助他们的粉丝基础和影响力，迅速传播品牌信息。

如今，电商视频广告已经成为电商平台获取用户流量、提升品牌曝光度和增加销售额的重要工具。通过视频广告，电商平台能够更加直观、生动地展示商品，吸引用户的注意，并通过互动性和个性化的推送机制提高广告的转化率。未来，随着技术的不断进步和用户需求的变化，电商视频广告将进一步多样化、个性化，并与社交媒体、电商直播等形式深度融合，持续为品牌和消费者创造更多的价值。

在设计电商视频广告的时候，要遵循以下原则，把握好这些原则，将关键点做到位，就更容易制成理想的广告视频作品。

采集高质量的素材

在制作电商视频广告的过程中，采集高质量的素材是确保广告效果的关键要点。高质量的视频素材能够直接提升广告的视觉效果和观感质量。在视觉冲击力极为重要的电商行业，优质的图像和流畅的视频能够更好地抓住消费者的注意力，使产品展示更加生动和吸引人。例如，使用高分辨率摄像设备拍摄，可以确保视频画面的清晰度和细节表现，使产品的质感和色彩得到真实且鲜明的展现。优质素材在编辑和后期处理中的灵活性更高。高清晰度的视频素材在剪辑时可进行多种处理，如裁剪、缩放而不失真，以及添加各种视觉效果，如滤镜和特效，以增强广告的视觉冲击力。

全方位展示商品的优势

电商视频广告要具有较强的内容性，不能过于空洞，内容应围绕种草商品展开，要全方位展示商品的优势，以此来吸引潜在消费群体。所以在制作电商视频广告的时候，一定要谨记"商品才是主角，要为了突出主角设置合适的情境，但是千万不要喧宾夺主。"视频中的一切都要为商品服务，凸显其吸引力。有些电商视频广告虽然因其特殊的拍摄手法获得一定的热度，但是忘了谁才是主角，这并没有办法获得预期的成效，商品销量依旧低迷，这就是忘记了商品本身，而导致消费者无法将关注点放在商品上。

保证视频清晰美观

拍摄电商广告视频时，保证视频的清晰美观是至关重要的。视频的视觉品质直接影响观众的观看体验和品牌的专业形象，因此，在制作过程中必须注重每一个细节。

视频广告作为一种强有力的媒介工具，其成功依赖于对视觉语言的精确掌握和对目标观众心理的深入理解。

视频广告的设计要求制作者不仅传递信息，还要在视觉上吸引观众，通过色彩、构图、光线和动态元素的综合运用创造出既美观又能够直击心灵的画面。

无论什么视频，都必须要清晰美观，只有看得清楚，消费者才有继续了解的欲望，如果视频中基本的图像都看不清，那就连基本的门槛都够不上了。

重视后期剪辑优化工作

后期工作不容忽视，即使前期内容做得很好，也不可能没有一点疏漏，而后期剪辑优化工作就是处理这些问题的法宝。借助各类软件工具，可以审查视频中的不足。而且有的商家对于视频的片头、片尾、滤镜、特效等都有细致的要求，这就更加有必要做好后期的剪辑优化工作了。

7.2　AI 电商视频广告制作指南

本章讲解 AI 电商视频广告制作，以可灵大模型为例。

可灵（Kling），是由快手大模型团队研发打造的视频生成大模型，目前支持文生视频、图生视频、视频续写、运镜控制等多种能力如图 7-1～图 7-3 所示，使用者能够通过简单的学习，完成视频制作，获得比较理想的作品如图 7-4 所示。

图 7-1　可灵视频图集 (1)

图 7-2 可灵视频图集 (2)

图 7-3 可灵视频图集 (3)

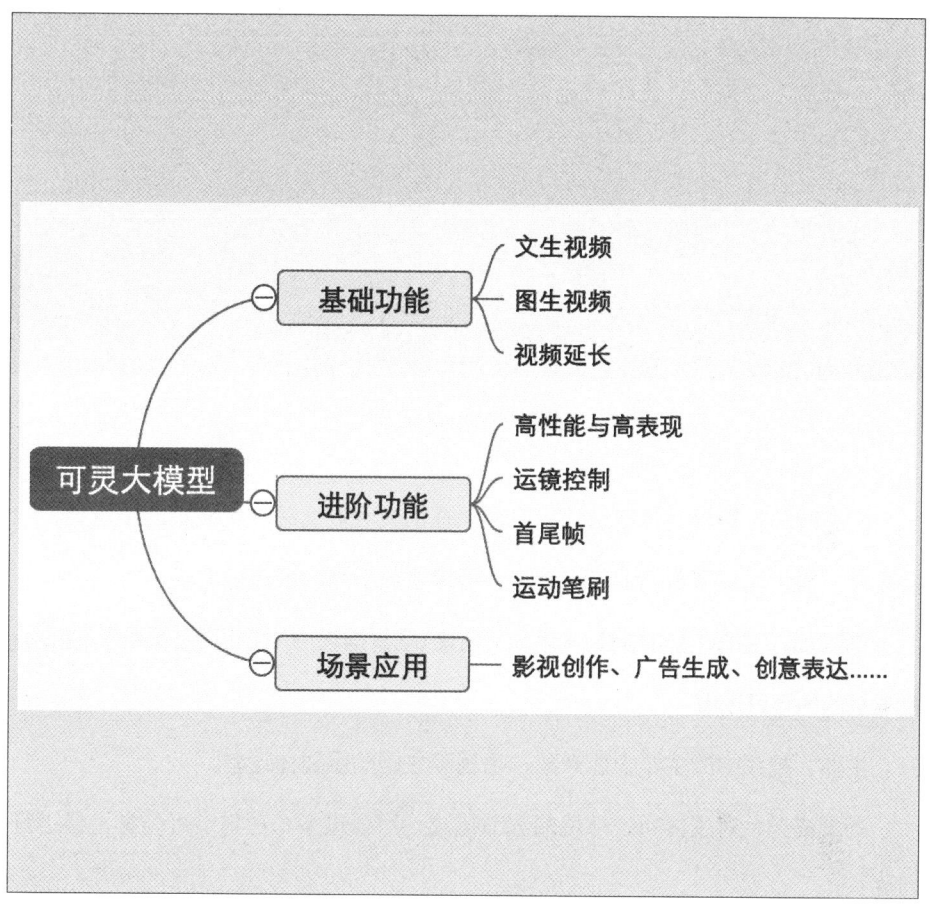

图 7-4 可灵树形图

接下来,我们将从两个层面来了解并学习可灵大模型的基本操作,分别是文生视频和图生视频。

文生视频

文生视频,使用者要在对话框中输入一段文字,可灵大模型根据文本表达生成视频,将文字转变为视频画面如图 7-5 所示。现已支持"标准"与"高品质"两个生成模式,标准模式生成速度更快,高品质模式画面质量更佳;同时支持 16∶9,9∶16 与 1∶1 三种画幅比例。

图 7-5 文生视频页面

文生视频，重点在于提示词的应用，在前文我们已经讲过文案的提示词，涉及视频，提示词有了更加细化的要求，可以按照下面的公式来完成。

"提示词＝主体（主体描述）＋运动＋场景（场景描述）＋（镜头语言＋光影＋氛围）括号里的内容可选填"

主体：视频中的主要表现对象，是画面主题的重要体现者。

场景描述：对主体所处环境的细节描述，可通过多个短句进行列举，但不宜过多。

光影：光影是赋予摄影作品灵魂的关键元素，光影的运用可以使照片更具深度，更具情感，我们可以通过光影创造出富有层次感和情感表达力的作品。如氛围光照、晨光、夕阳、光影、丁达尔效应等。

氛围：对预期视频画面的氛围描述。如热闹的场景、电影级调色、温美好等。

在文生视频页面，使用者可以调节的选项要素包括创意描述、参数设置、运镜控制等内容。创意描述对话框中要输入的就是丰富详细的提示词。参数设置主要调节的是创意想象力和创意相关性，生成模式，生成时长，视频比例，生成数量。运镜控制可以选择不同的运镜方式。另外，使用者可以在对话框中输入不希望呈现的内容，相当于逆向提示词的作用。

提示词案例一

主体：一个身着蓝色长裙的年轻女子，长发披肩，微风吹拂时发丝轻舞。她面带微笑，眼神坚定，嘴角微微上扬，手持一本打开的书。

运动：她缓缓向前走，偶尔低头阅读书本，脚步轻盈。

场景：她站在一片阳光洒满的草地上，身后是一座静谧的湖泊，远处山峦起伏。

镜头语言：中景拍摄，轻微推镜头，背景柔化。

光影：午后阳光斜照，树叶投下斑驳的影子，光影交错。

氛围：温暖而静谧，带有一丝诗意。

提示词案例二

主体：一只雪白的萨摩耶犬，耳朵竖起，双眼炯炯有神，嘴角微张，吐出舌头。

运动：它在草地上欢快地奔跑，尾巴高高翘起。

场景：公园的绿地，远处有高耸的树木，秋天的金黄色落叶散落在地。

镜头语言：跟随镜头，低角度拍摄，捕捉狗奔跑时的速度感。

光影：清晨的柔和阳光照在狗的身上，背后树影摇曳。

氛围：活力四射，充满朝气。

提示词案例三

主体：一个年迈的老人，身穿灰色毛衣，双手插在口袋里，头发花白但整齐梳理。

运动：他静静地坐在长椅上，注视着远处，偶尔抬起手抚摸自己的下巴。

场景：城市公园的黄昏，远处的高楼和夕阳交相辉映，路边的灯开始亮起。

镜头语言：特写镜头，侧面拍摄，拉近镜头捕捉老人思索的神情。

光影：夕阳的余晖照在老人身上，带有些许暖橙色光泽，光影柔和。

氛围：平静而略带感伤，充满回忆的氛围。

提示词案例四

主体：一个穿着白色婚纱的新娘，长发盘起，戴着薄纱面纱，面带笑容。

运动：她缓缓转身，裙摆在空气中轻轻旋转。

场景：绿意盎然的户外庭院，四周是盛开的鲜花，远处有白色木椅和拱门。

镜头语言：大远景，慢速平移镜头，从侧面捕捉她旋转的美丽瞬间。

光影：午后的阳光透过树叶间隙，洒在新娘身上，形成梦幻的光影效果。

氛围：充满浪漫与喜悦，带有电影级的调色。

提示词案例五

主体：一个正在街头卖艺的小提琴手，戴着贝雷帽，穿着深色大衣，眼神专注地盯着琴弦。

运动：他缓慢拉动弓弦，身子随着音乐的节奏轻轻摆动。

场景：傍晚的老街区，路边铺满青石板，人群来来往往，远处有昏黄的街灯。

镜头语言：中近景，俯拍，焦距拉近，专注于小提琴手的面部表情。

光影：街灯的光芒柔和地映照在艺人的身上，形成温暖的对比。

氛围：静谧而富有情感，仿佛时间在音乐中停止。

文生视频步骤

创意描述："视频展示了在一间温馨的卧室里，一只小猫蜷缩在柔软的床上，享受着宁静的午睡时光。阳光透过窗户洒在它毛茸茸的身体上，小猫偶尔轻微地动一下，仿佛在梦中追逐着什么。整个场景充满了平静和温暖，小猫的呼吸均匀，显得非常放松和安心。"如图 7-6 和图 7-7 所示。

参数设置：创意想象力和创意相关性 0.5

生成模式：标准

生成时长：0.5 s

视频比例：16∶9

生成数量：1 条

其他内容暂时不填

图 7-6 文生视频步骤（1）

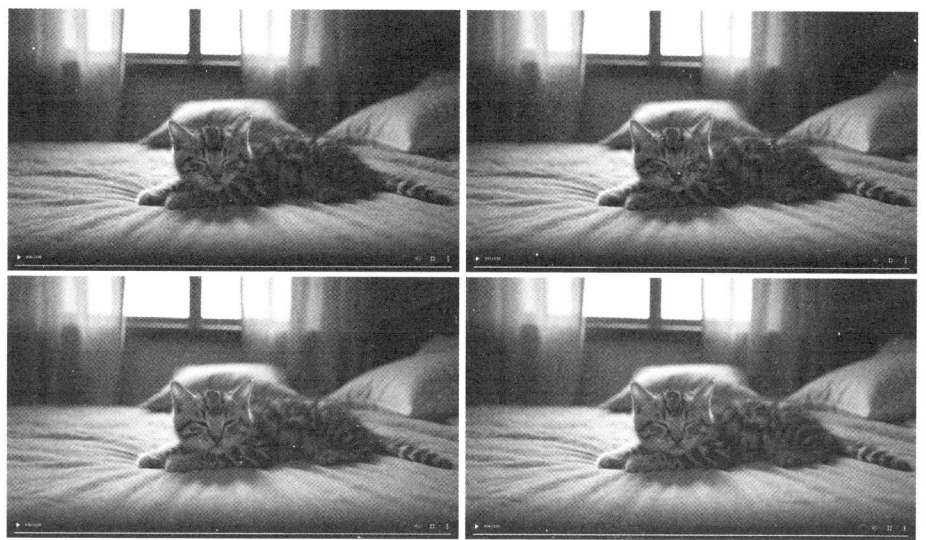

图 7-7 文生视频步骤（2）

图生视频

图生视频，通过该技术，用户可以轻松实现从图片到视频的创作过程，大大降低了传统视频制作的门槛。

图生视频作为创作工具的突出特点在于它的可控性，能够使创作者充分利用静态图片生成具备动态效果的视频，节省时间的同时，极大地提升了创作效率。正因如此，图生视频成为当前创作者使用频率最高的功能之一。

从视频创作的角度来看，图生视频的优势在于其简单、直观的操作方式。通常情况下，创作者需要掌握专业的剪辑技能、视频编辑软件，以及具备一定的美学感知和创意思维才能制作出理想的作品。但通过图生视频功能，创作者只需选择一张合适的图片，并通过文本进行描述或调整，便可以生成一段具有动态效果的短视频。

图生视频的另一大优势在于创意的无限可能。可灵平台的用户可以通过输入图片进行视频生成，还可以借助文本描述控制图片中的主体运动。这种创新的结合为创作者提供了更多发挥想象力的空间。例如，最近网上爆火的"老照片复活"这一视频风格，便是通过图生视频技术将历史照片中的人物复活为动态的画面，带给观众强烈的情感共鸣。通过这种方式，静态的历史照片被赋予了新的生命，人们仿佛能够再次见到那些早已离去的人物，这种动态复现的效果不仅感人至深，还带有一种奇妙的穿越时空感。

从技术层面看，图生视频支持标准与高品质两种生成模式，并提供了 16∶9、9∶16 与 1∶1 三种画幅比例的选择。这意味着创作者可以根据不同的视频创作需求灵活选择适合的生成模式与比例，确保最终成品能够契合平台发布的标准或用户自身的需求。

"提示词 = 主体 + 运动，背景 + 运动……"

图生视频步骤

使用者要输入图片及创意描述，可灵图生视频支持多种图片格式，支持 JPG/PNG 格式，文件的大小有限制，不能超过 10 MB，尺寸不能小于 300 px。上传图片的方式比较丰富，可以点"图片上传处"浏览上传，也可以拖拽上传或粘贴上传。另外，如果使用者已经有生成记录，还能够从"历史创作"中寻找，作为图生视频的基础。

选择好合适的图片之后，仍然可以进行"图片创意描述"，输入文字，对图片进行进一步限定。可以看出，这种图生视频的模式对于作品的限定更加丰富，所以也是多数创作者习惯使用的方式，相比于单纯的文生视频，图生视频更容易令使用者得到预期的视频效果。

在进行图生视频的操作时，有一些注意事项。

要尽量使用简单的词句，不要使用过于复杂，甚至会产生歧义的词句，否则 AI 软件可能会错误领会含义，导致最终的视频出现误差。

要输入复合运动规律的词汇，不要出现过于夸大，不符合常理的词汇，否则视频可能会过于虚假，而不具备真实性。

使用者可以设置运动笔刷，完善参数设置。

图生视频的步骤如图 7-8 所示。

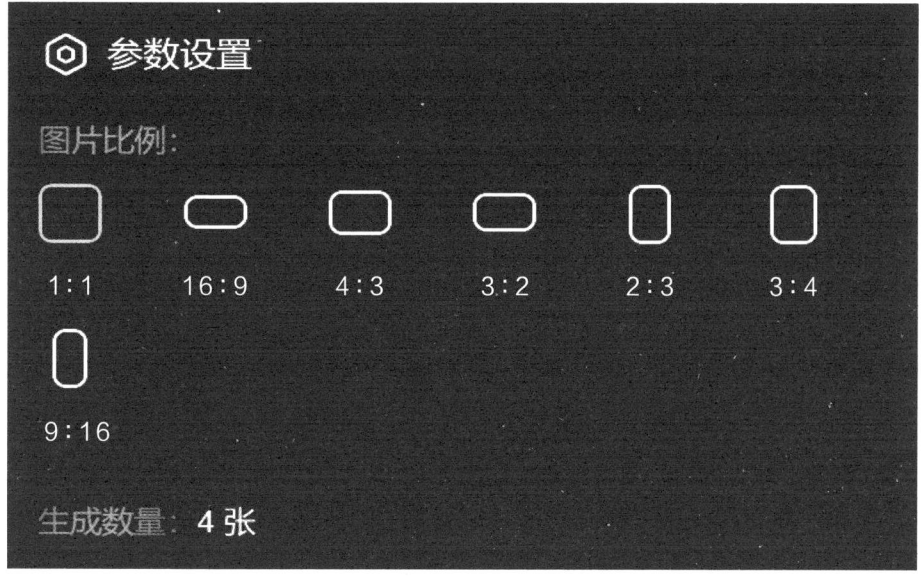

图 7-8 图生视频步骤

在这里我们要重点了解运动笔刷板块的内容，运动笔刷主要控制画面中指定主体的运动轨迹，非常重要，决定了画面运动的状态和形式。具体来说，运动笔刷功能即上传任意一张图片，用户可以在图片中通过"自动选区"或者"涂抹"对某一个区域或主体进行选中，添加运动轨迹，同时输入符合预期的运动提示词，点击生成后模型将为用户生成添加指定运动后的图生视频结果，以此来控制特定主体的运动表现，补足进阶的图生视频可控生成如图 7-9 所示。

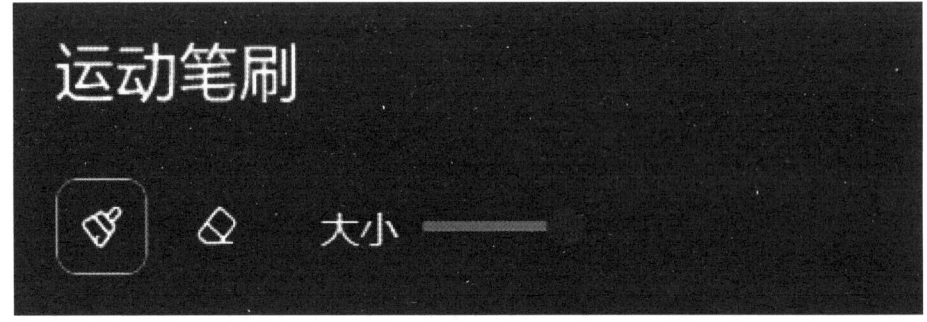

图 7-9 运动笔刷操作页面

进入运动笔刷操作页面，右侧有许多可选项目。可以为图片设置 6 个不同的区域，并未每个区域分别设置运动轨迹。同时还能额外添加静止区域，确保静止区域内不发生变化。

7.3 AI 电商视频广告制作案例集锦

☀ 文生视频案例集锦

文生视频案例一

主体：一款精致的金属手链配饰，手工雕刻出的花纹正散发出高雅的光泽如图 7-10 ～图 7-11 所示。

运动：手链被轻轻旋转展示，金属质感在光线下反射出多角度的细腻纹理。

场景：白色大理石背景，简约风格，旁边放置几片淡雅的干花作为点缀。

镜头语言：使用慢速镜头，特写展示手链的每一个细节，强调其手工艺与质感。

光影：柔和的自然光从侧面照射，手链反射出温暖的金属光泽。

氛围：高雅、精致，传达一种简约却奢华的生活品位。

图 7-10 文生视频案例一（1）

图 7-11 文生视频案例一（2）

通过该 AI 电商视频广告，可以看出商品手镯的设计非常精细，具有比较复杂的花纹装饰，呈现出传统的工艺美。视频广告中手镯放置在光滑的大理石表面上，背景有颜色浅淡的花朵，营造出高雅纯净的感觉。整体布景光线非常柔和，突出手镯的高贵感。整体而言，这个电商视频广告在构图上面比较成功，能够吸引观众的注意力。不过视频整体比较平淡，在创意性和吸睛性方面仍有待完善。

文生视频案例二

主体：一款智能手表，圆形的表盘，黑色的金属表带，屏幕正显示健康数据如图 7-12～图 7-13 所示。

运动：手表快速从侧面划过，屏幕显示的心率监测和步数实时更新，彰显科技感。

场景：健身房背景，哑铃和瑜伽垫隐约可见，充满运动气息。

镜头语言：从低角度追踪手腕的运动，切换到手表屏幕的特写，突出其智能功能。

光影：冷色调的灯光打在手表表盘上，增强科技感与时尚感。

氛围：充满动感与活力，传递智能设备带来的高效生活体验。

图 7-12 文生视频案例二（1）

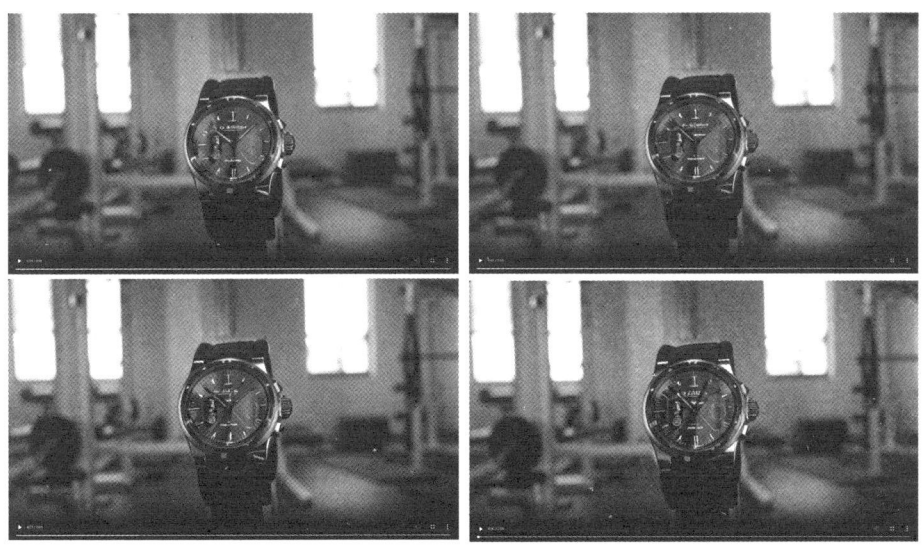

图 7-13 文生视频案例二（2）

该 AI 电商视频广告展现出一款做工精良，质地优异的手表产品。以上是在各个帧截下的图片，随着 AI 视频镜头的移动，手表表盘上面的光线发生变化。视频的拍摄手法具有虚实结合的特点，手表后面的背景稍显杂乱，不过在背景弱化的效果下，对于手表产品并没有明显的影响，能够让观者把注意力直接集中在手表上。

文生视频案例三

主体：一件飘逸的雪纺连衣裙，轻柔质地在微风中摆动如图 7-14～图 7-15 所示。

运动：模特轻盈地转身，裙摆随着她的动作优雅地舞动，展现出裙子的柔软与灵动。

场景：户外花园，阳光透过树叶洒在地面，周围点缀着绽放的鲜花。

镜头语言：使用跟随镜头，从裙摆的细节开始慢慢上升，展现整件服装的流畅线条。

光影：清晨柔和的阳光洒在裙子上，形成自然的光影效果。

氛围：传递一种舒适而自由的生活方式。

图 7-14 文生视频案例三（1）

图 7-15 文生视频案例三（2）

该视频的主体是一位身穿淡粉色薄纱长裙的女性，拍摄镜头仅停留下女性的腰部以下，接着隐约透过的熹微晨光，和周围的绿色植物相映成趣，营造出宁静自然的环境氛围。在视频中，女性肢体动作丰富，充分彰显了薄纱长裙商品的美妙质感，巧妙抓住观者的眼球，是一部比较合格的电商视频广告。

文生视频案例四

主体：一副时尚的太阳眼镜，镜片微微反光，金属边框带有未来感的设计如图 7-16 ～图 7-17 所示。

运动：太阳镜被缓缓放置在桌面上，镜片反射出周围的城市景象，显得充满现代感。

场景：都市咖啡厅窗边，背景模糊的高楼与街道，窗外阳光透过玻璃照射进来。

镜头语言：侧面特写镜头，展示太阳镜的镜片与边框设计细节，突出其现代科技与时尚感。

光影：窗外阳光透过镜片产生的反射光晕，增加氛围感与产品的质感。

氛围：时尚、都市精英感。

图 7-16 文生视频案例四（1）

图 7-17 文生视频案例四（2）

该电商视频广告主体为一副激光反光镜面的太阳镜，太阳镜被放置在简约光滑的桌子上。太阳面的镜面反射出窗外的景象，镜头视角左右变换，始终保持拍摄中心为太阳镜。在远处，高耸的建筑物作为虚化背景，丰富了整个视频的内容，让视频广告看起来既丰富，又具有一定的现代都市摩登气息。

文生视频案例五

主体：一瓶精致优雅的高定香水，透明的玻璃瓶体与细致雕刻的金色瓶盖如图 7-18 ～图 7-19 所示。

运动：香水瓶在空中轻缓旋转，瓶体中的液体在灯光下闪烁，然后缓缓落到大理石台面上，最后喷出一丝香雾。

场景：古典风格的梳妆台，背景是一面大镜子与复古的艺术画，阳光透过薄纱窗帘洒进来。

镜头语言：从瓶盖的细节开始，逐渐拉远展示整体造型，镜头切换到香水喷出的瞬间，空气中形成雾状颗粒。

光影：柔和的自然光线透过窗帘，与瓶体上的光影交织，反射出玻璃和金属的质感。

氛围：奢华与感性之美。

该电商视频广告的主体是一瓶香水产品，AI 软件生成的香水外观，以及其周围的环境氛围与场景描述非常相近。透明材质的香水瓶瓶口设计美观大方，被摆放在光滑平整的桌面，室内陈列得当，具有一丝欧式传统装饰风格，与香水产品风格协调一致。随着视频播放，摄像镜头徐徐向左侧推进，画面左侧的欧式梳妆镜映入眼帘，凸显奢华古典之美。

图 7-18 文生视频案例五（1）

图 7-19 文生视频案例五（2）

图生视频案例集锦

图生视频案例一

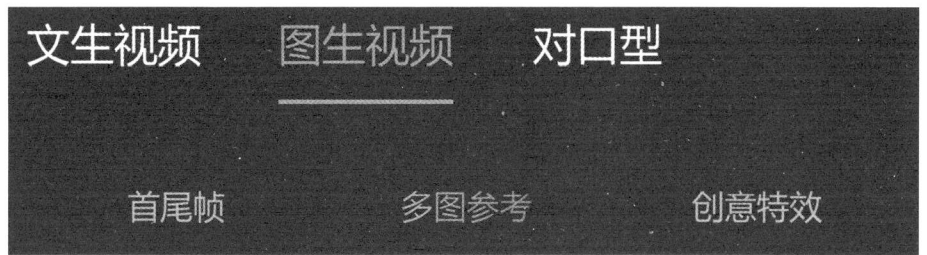

图 7-20 图生视频案例一（1）

该电商视频广告案例以一副实拍图作为参考图片如图 7-20 所示。图片的构成为上下结构，图片的下方是连绵的一篇黄色草地，云层遮挡的效果下，让草地上出现了一片阴影，增加了画面的层次感。图片的上方，天空划过一道彩虹，应是雨后初晴。以该图片作为创作原型，输入图片创意描述，生成如下视频，作为旅游产品视频广告如图 7-21 所示。

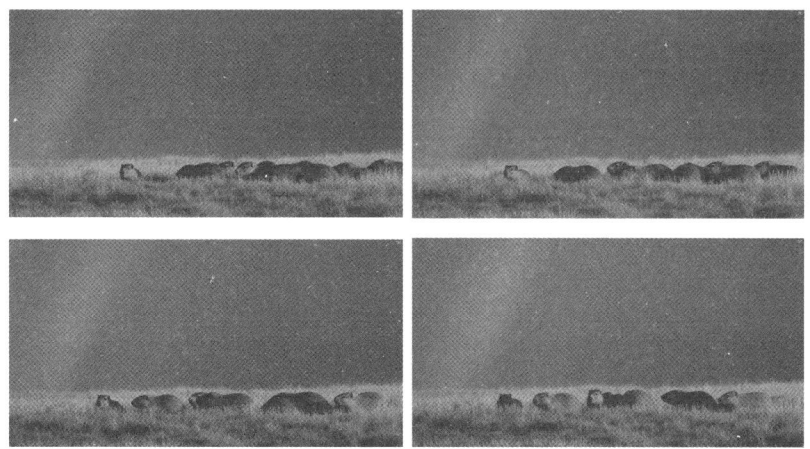

图 7-21 图生视频案例一（2）

该电商视频对原型图片进行了适当改变，加入了色泽更加鲜艳的滤镜，增强了视频环境色彩对比度。按照创意描述的说法，视频中出现了一群外形"Q萌"，活泼可爱的小地鼠，在视频中，它们成群结队"走"在草地上，时而抬起头张望，时而"匍匐前进"，灵动活泼，非常自然。

图生视频案例二

图 7-22 图生视频案例二（1）

该电商视频广告案例以一副实拍图片作为创作原型如图 7-22 所示。晴空万里，艳阳高照，绿草如茵，在绿色草地中有一条清澈的溪流"穿行而过"，溪水缓缓流淌，在靠近山体的一侧有大片高耸的针叶林，针叶林以其独有的苍郁静谧，铺展山体与草地间，就像大自然精心编织的绿色绒毯。挺拔的针叶树木，展现出坚韧不拔的生命力。

图 7-23 图生视频案例二（2）

该电商视频生动再现原型图片的场景，场景中女子身穿绿色长裙在草地奔跑，镜头随着人物向前推进，大片的草地，流动的溪水，飘逸的头发，以及灵动的绿色长裙，使得整个视频场景非常协调，为产品起到较好的宣传效果如图 7-23 所示。

图生视频案例三

图 7-24 图生视频案例三(1)

该电商视频广告案例以一副实拍秋季山坡景象作为原型背景如图 7-24 所示。秋季的山坡上植被丰富、色泽差异明显,有浅绿色的草皮,深绿色的林木,还有部分红色的花朵点缀其中,交相掩映。远处的山坡景色若隐若现,天空中云层密布,构成一副美妙的秋景图像。

图 7-25 图生视频案例三(2)

该电商视频的主体产品是一架无人机，视频镜头随着无人机快速向前方平稳飞行而向前推进，随着视频播放，景象也随着变得开阔起来，无人机飞跃五彩缤纷、五色斑斓的山坡丛林，呈现出烂漫的山野景象，仿佛隔着屏幕已经能够闻到山野之中泥土的清香和花朵的芬芳如图 7-25 所示。在这样的场景氛围下，无人机产品的主体特征也同时被凸显出来，给观者带来一种"只有购买这样的无人机，才能够尽览山野美景"的设计语言。

图生视频案例四

图 7-26 图生视频案例四（1）

该电商视频广告案例的原型图片是一个身穿古装的女子正在镜面前梳妆打扮，虽然只能够看到室内环境的一部分，但是隐约露出的古典家具彰显出场景的雅致氛围如图 7-26 所示。以该图片作为原型，非常适合创作古典系列工艺品的 AI 视频广告。

在对话框中输入创意描述"工艺品网店宣传广告。镜头切换到一只绘有牡丹花的青花瓷瓶。随后镜头缓缓移动，转而聚焦到一个古典美人正在梳妆打扮的画面。她身着淡雅的古装，镜中映出她正在细致地涂抹口红，脸庞显露出一丝羞涩。背景中可以看到木窗与纸扇，营造出古典氛围。"结合这些详细的提示词，AI视频创作而成。视频展开，由模糊的滤镜逐渐转变为清晰的滤镜，镜头缓慢向左推进，女子涂抹口红，整个氛围雅致宁静，具有浓郁的文化气息如图7-27所示。

图7-27 图生视频案例四（2）

写在最后

在数字化转型的大背景下，AI 技术和电商行业的未来将密不可分。随着全球数字化进程的加速，AI 技术在电商行业的应用将展现出巨大的潜力。AI 不仅是提升电商平台运营效率的重要工具，更是实现个性化用户体验的核心驱动力。AI 通过深度学习、数据分析和智能决策等方式，赋予电商企业强大的能力，使它们能够在高度竞争的市场环境中保持灵活性和创新性。

AI 系统打造的自动化客户服务系统能够全天候为用户提供支持，通过自然语言处理技术更准确地理解用户的需求。这些系统能够迅速响应用户的常见问题，减少人工客服的压力，并通过分析用户的反馈数据持续优化服务流程。AI 能够为每个用户量身定制产品推荐，提高用户体验，大大提升转化率，增加平台的销售额。与传统的推荐系统不同，AI 技术能够动态调整推荐内容，及时响应用户行为的变化，从而提供更加精准和个性化的产品建议。AI 通过准确预测产品的需求量，帮助电商企业更好地进行库存管理，减少库存积压和浪费，确保热门产品及时补货，避免因库存不足而造成的销售损失。

未来，AI 技术在电商行业的应用将会更加广泛和深入。例如，语音识别和图像识别技术的进步将使用户能够通过语音搜索或上传图片轻松找到他们想要购买的产品，极大简化购物流程。又如，通过 AI 技术，电商平台能够实时分析消费者行为和市场趋势，从而更精准地制定营销策略和库存调整。

在未来的电商领域，AI 将帮助企业通过精确的数据分析，更好地理解市场需求和消费者预期，设计出更符合市场和消费者需求的产品，推动相关行业数智化快速转型发展。